LA TRANSFORMACIÓN DEL SER
Evolucionas o te quedas

Henry Gutiérrez

D1527927

LA TRANSFORMACIÓN DEL SER
Evolucionas o te quedas

Henry Gutiérrez

Créditos
Título de la edición original
"La Transformación del Ser"
Evolucionas o te quedas
Henry Gutiérrez©
Portada y diseño de maqueta: Servicios editoriales
de Ediciones Muntaner. Fuera de Catálogo.
Primera edición©
ISBN: 9798828187188
Sello: Independently published
Mayo 2022.Printed in Amazon.
Contactar: Henrygutierrez58@yahoo.com

Dedicatoria

*Este libro se lo dedico a mi hija Ashlee que
cumple 15 años lejos de mí. A mi papá,
Tiburcio, por su legado, mi mama, Antonina
por criarnos con paciencia, a mi esposa Jenny
Elisa por tenerme paciencia, a mi hijo Ely por
ser el líder más centrado del mundo.
A mis hermanos Oscar, Patricia, Pablo, Teresa,
Isaías, Nain, Keidy, Jakelin, y Sobrinos Gessy,
Melisa y Eduardo.
A mis socios por formar parte de mi
preparación: Miguel y Lesly, Gladys, Doña
Reina, Andrés y Julissa, Gloria, Maritza, Nano,
Mario, Rafay, Maynor y Belkin, Juan y
Marisol, Misael y Evelyn, Jaime y Seylin,
Manuel y Orbelina, Mainor y Lizeth, Arturo y
Darlin, Susy, Julissa, Selvin y Hilda, sus hijos,
Gerardo y Marlene, Alfonso y Manny. Lenyn y
Elsy, Yadira y Héctor, Abel y María, Ostin y
Gessy, Samuel y Nency, Ángel y Sorania, y por
destacarse más en mi vida, Néstor y Nancy y
mis mentores Gilson y Carolina Quintanilla.
Gracias por formar parte de mi vida a todos
Esta obra es una opción al cambio
Baby gracias por persistir, siempre supe
que usted ha sido grande desde su infancia.*

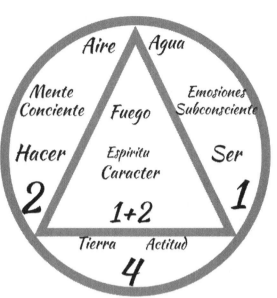

Introducción

Todos los seres humanos recordamos fechas importantes, Y una que quiero recordar en esta ocasión es: El día que cayó en mis manos el libro la transformación del ser. Parecía ser una obra común y corriente como cualquier otro libro Que había leído anteriormente, Sin embargo al introducirme en el texto inmediatamente me di cuenta que en ella se encontraba principios y valores Que me ayudarían profundamente, a Esculpir la obra de arte más importante en sí. Y era transformar mi propio ser.
Éste libro encierra muchos temas importantes que quisiera resaltar todos. Pero quiero animarte a que leas este libro por qué todo lo que tenga que ver con éxito empieza en el ser, Y es ahí la tarea dura, la cual esta obra te va a facilitar a descubrir dentro de lo más profundo de ti, tu verdadero valor. A tener una verdadera referencia de quien es uno. No como soy sino quien soy en sí. Porque muchas veces confundimos nuestra esencia con nuestras situaciones. Te vas a encontrar con algunas referencias de cómo puedes transformarte para lo que fuiste creado. Te invito de todo corazón a que estudies este libro, y que lo apropies porque aportará

crecimiento a tu familia, a tu negocio y a todo con lo que tengas contacto. El tema de la pobreza abate al mundo. Y aquí el autor aborda muy bien cuál es el origen de la pobreza. Y que Dios nos ha dado dones y talentos con el fin de ponerlos al servicio de los demás, que si no se usan se oxidan. Hay una historia que te la recomiendo de una mujer que en el momento de dar vida, es decir dar a luz pasa algo impresionante increíblemente sorprendente. Te reto a que la disfrutes, y la de la mariposa que un día fue oruga y posteriormente la verás volando. Es bien importante que definas qué entiendes tú por éxito y que concepto tienes de la riqueza y la pobreza. Y cuáles son las cosas que aportan la felicidad. Sabemos que estamos bregando con sistemas como el capitalismo y el socialismo y que nos toca adaptarnos con lo que tenemos, pero nunca perder de vista que eso nos ayude a transformarnos de adentro. La torre de control es como un despertador que te va avisando, o señalando el sendero los cambios de la vida antes de que tú fracases. Para finalizar quiero dejarte con esto: que la transformación de cada persona significa la transformación de familias. Te transformas tú tendremos un mundo transformado. Por qué nadie de nosotros quiere a nuestros descendientes en una sociedad de canibalismos donde el que prevalece es el más fuerte. Queremos

una sociedad donde se practique el amor,
que es el que rompe todo tipo de pobreza

Gilson Quintanilla. *Filósofo y teólogo*

CONTACTA el AUTOR
   HENRY Gutierrez
      al 615 594 4261
   HenRyGutierez58@yahoo.com

Prólogo

Un hombre de la nobleza fue llamado a un país lejano para ser coronado rey y luego regresar. Antes de partir reunió a diez de sus siervos y dividió entre ellos cinco kilos de plata.

Diciéndoles; inviertan esto mientras estoy de viaje. Pero sus súbditos lo odiaban y enviaron una delegación tras él a decir, "No queremos que él sea nuestro Rey."

Después que lo coronaron Rey, volvió y llamó a los siervos a quienes les había dado el dinero. Quería saber qué ganancia habían tenido.

El primer siervo informó: Amo invertí tu dinero y multiplique diez veces el monto inicial. ¡Bien hecho! Exclamó el Rey– "Eres un buen siervo. Has sido fiel en lo poco que te confié, así que como recompensa, serás gobernador de diez ciudades." El siguiente siervo informó, "Amo invertí tu dinero y multiplique cinco veces el monto inicial." ¡Bien hecho!– exclamó el Rey– "Serás gobernador de 5 ciudades." Pero el tercer siervo solo trajo la suma original y dijo, "Amo escondí tu dinero para protegerlo. Tenía miedo, porque usted es un hombre muy difícil de tratar que toma lo que no es suyo y cosecha lo que no sembró."

¡Siervo perverso! Dijo el Rey a gritos, "Tus propias palabras te condenan, si sabias que era un hombre duro que tomo todo lo que no es mío y cosecho lo que no sembré. ¿Por qué no depositaste el dinero en el banco? Al menos hubiera podido ganar intereses por él."

Luego dirigiéndose a los otros que estaban cerca el Rey ordenó.

Quiten el dinero a este siervo y desenlace al que tiene cinco kilos.

"Pero Amo"– le dijeron él ya tiene cinco kilos

"Sí" respondió el Rey– "Y a los que usan bien lo que se les da, se les dará aún más. Pero a los que no hacen nada se les quitará aun (mas) lo poco que tienen. Y en cuanto a esos enemigos míos que no querían que yo fuera Rey tráiganlos y ejecútenlos aquí mismo en mi presencia."

Lucas 19:11–27

Capítulo 1

Frente a Frente

Era miércoles y todos los estudiantes bajábamos del autobús de la universidad que nos venía a dejar al centro de la ciudad. Las calles lucían aglomeradas de gente luchadora que buscaban el sustento familiar

Los compañeros se despedían para luego tomar sus propios rumbos y llevar a cabo sus actividades ya programadas para ese día de la semana.

Pequeños grupos tomaban otros autobuses públicos para ir de compras al mal. Otros se dirigen al cine para ver las películas de estreno y los demás los familiares los estaban esperando en sus propios carros para llevarlos a casa.

Por otro lado, a mí la bolsa me decía que tenía que caminar 2 millas para llegar a la cita del odontólogo que había fijado unas semanas atrás. Acomodé mis ideas y me dije a mi mismo, vas a estar bien y más saludable que los demás, porque vas hacer ejercicio, y tendrás un corazón más fuerte. Y por la temperatura que sobrepasa los límites normales (40c) compraré una bebida bien fría más adelante cuando ya vaya cansado, creo que para eso si me ajusta el bolsillo.

13

Llevaba una mejilla más grande que la otra por los fuertes dolores y la inflamación de la muela.

Al llevar 30 minutos de camino medio me preocupé porque un zapato se me había descosturado por caminar en el pavimento, y eso me impedía caminar bien. Lo que iba a estar saludable ya se me había olvidado. Adiós corazón fuerte, ya lo que llevaba eran ganas de llorar, por la inseguridad de que me fueran a asaltar discretamente conté los pesos que llevaba en la cartera, para asegurarme que me ajustara; para lo que tenía en mente comprar, después de estar seguro que podía pagar el refresco me aproxime a una tienda, y lo adquirí, era tanta la sed que traía que quería, tomármelo de un tesón. Retomé mi camino de nuevo como a los cinco minutos caminando por las aceras de los edificios.

Me Interceptó alguien que dio de alguna manera un propósito en mi vida. Escuché una voz infantil que me hablaba detrás de mí. Desesperado me dijo, deme de eso que está tomando, la intriga de saber quién me hablaba era grande que hice rápidamente un giro de 90 grados para ver atrás, el cual sentí que tardó horas, enseguida pensé si traía más dinero y darle para no soltar la bebida que me daba satisfacción, pero no traía más efectivo. Con mucho esfuerzo me quité el sorbo de mi boca. Pero al observar detenidamente al niño como de 7 años, pies cenizos y descalzos, rodillas percudidas y su pecho agitado. Con mucha facilidad podía ver su corazón palpitar debajo de sus costillas sobre marcadas. Sus ojos transmitían un claro mensaje, llevo mucho tiempo que no puedo conseguir algo de comer, la energía ya casi se me termina y no quiero morir de hambre, por lo tanto no podría esperar un no como respuesta de parte de usted.

– ¿Dónde están tus padres? le pregunté.

–Mi papá nunca lo conocí, –respondió. – Solo vivo con mi mamá, y ella está enferma de cáncer.

– ¿Te gustaría venir a vivir con mi familia?

–No porque soy el que me tengo que encargar de mi mamá y no la puedo dejar sola. Lindos que son los seres humanos pensé, ya que ella casi ni se puede levantar.

– ¿Dónde viven?

–Vivimos debajo de aquel puente señalando con su manito. Yo sediento con el refresco en la mano zapatos rotos conmovido totalmente, y él con la mano tendida con la intención de recibir.

Cruzando miradas, de alguna manera retrocedí mi vida al pasado, a mi infancia, al ver sus ojos de soledad y tristeza. lo entendía perfectamente. nos convertimos por un momento en uno solo, dos corazones mirándose uno al otro. Desde ese momento nació un sueño y muchas preguntas: ¿Cuántas familias alrededor del mundo se encuentran en situaciones similares a esta? ¿Habrá una forma de al menos aliviar el problema? ¿Qué estamos haciendo mal, qué necesitamos hacer mejor? ¿Qué saben los ricos que no saben los pobres? ¿Quiénes son los pobres y quien verdaderamente son los ricos? ¿En qué momento de su vida una persona se convierte en rica después de ser pobre? ¿O cuando una persona realmente es pobre? Es así como comenzó la transformación del ser hacia el éxito. Cuestionando y con un pensamiento que llamaba mi corazón a no quedarme quieto, a vivir en cada momento insatisfecho, hambriento de conocimiento. Para avanzar y ayudarme y de esta manera aportar al mundo.

Al terminar la reflexión que compartía con mis panas mientras cocinaba la carne en el día de acción de gracias.
A mis amigos les llamó mucho la atención el tema, que quedaron inspirados, que hasta se peleaban para opinar. Tenían opiniones diferentes por ser de diferentes clases sociales. Sabíamos que la tarde iba a ser sensacional. Y además era el momento para aprender más y sacar información valiosa. Para armar el rompe cabeza, y ponerlo luego en práctica. Yo dije, es la

oportunidad para comenzar a apuntar y analizar las respuestas al cuestionario antes planteado.

Capítulo 2
Puntos de Vista del Socialismo Necesidades urgentes

Don Mario: el Socialista

Don Mario un ingeniero fue el primero en levantar la mano y agregó
– esta es la realidad, que estamos enfrentando hoy en día, son muchos los retos que necesitamos resolver con suma urgencia. La pobreza es uno de ellos, el calentamiento global y la educación obsoleta, porque estamos en otra era.
Situaciones que necesitábamos resolver ayer, sin embargo no se hicieron, ni tampoco se están haciendo. El mundo empobrece, mientras unos pocos se adueñan del dinero, sin importarles los daños causados por la avaricia.

John Dueño de una gran compañía de bienes y raíces asentía con su cabeza y susurró que siempre es bueno escuchar las dos partes, sin cerrar los oídos.
El religioso agregó, ¿cuáles pueden ser las soluciones? A todos nos interesa al menos intentar resolver los problemas. Sería peor no hacer nada al respecto, mi amigo el guatemalteco que apenas se

incorporaba al grupo respondía con una sonrisa, dándonos un destello de luz con la corona de oro que traía en su diente. ¡Puras fallas! Dijo.

¿Y qué hace el gobierno?
Don Mario no quitaba el dedo del renglón con respecto a los poderosos, que manejan el dinero.
– El gobierno tiene la obligación de llevar comida a todos los niños pobres que sufren, especialmente a aquellos que se encuentren en las calles. Y cubrir todas sus necesidades, eso es constitucional. Tiene la obligación de crear más fuentes de empleo. Pero cuando deja o permite que los servicios se privaticen, deja en las manos de pocos los recursos del país. Convirtiéndose en un enemigo de los trabajadores. Y los deja
En manos de personas que en ningún momento les preocupa el bienestar de los demás. Y sabiendo que los trabajadores los sostienen a ellos.
El sistema casi es una trampa para acaparar cada día más y más. La trampa más grande que conocemos para explotar a las personas es el dinero. Con los billetes han mantenido pobre al mundo entero. Desde hace miles de años.

Nos han mantenido detrás del dinero desde que nacemos hasta que morimos.

Como mi papá que tiene 70 años y todavía trabaja para poder comer y mantener a mí mama. Sin embargo, el mundo cambia, o ellos mismos lo hacen cambiar con sus reglas y a los pobres se les dificulta seguir el ritmo.

Los capitalistas sacan préstamos imaginarios, de oficinas imaginarias, y con dinero imaginario, con la promesa de pagar en el futuro y crean sistemas para hacer que los pobres paguen la deuda y hasta los intereses e impuestos que son la forma de ordeñar la vaca. Me parece algo muy injusto. Los ricos nunca se pondrán de lado de los pobres.

¡Puras fallas! Dijo el guatemalteco, trasteando su teléfono, observando todos los perfiles en Facebook como un *latín lover*.

El dinero es una herramienta para comprar y vender, incluso hasta la mano de obra, el truco de ellos está en su destreza de sus transacciones. Tiempo y energía se intercambian de un lado a otro secretamente. Y déjame decirte que esa energía nunca será a favor de los pobres, al contrario. Por eso a mucha gente se le desaparece el dinero.

El sistema compromete el futuro

Prácticamente están vendiendo el futuro, comprometiéndose de antemano y además la manera que lo hace destruyen el planeta. Y nuestros hijos y nietos recibirán un mundo en decadencia y endeudado.

Los más utilizados en este sistema del dinero son las personas con buen crédito y profesionales que desde antes saben que les gusta vivir de la apariencia, buenas casas, buenos carros, buena ropa, viajes vacacionales a lugares paradisíacos, buena reputación y buenas escuelas.

¿Quién puede ser capitalista?

El capitalismo es una competencia que se torna deshonesta. Y para un pobre se le hace difícil competir con los ricos– prosiguió Mario– perderías de todas maneras, sería un riesgo apostar el sustento de tu familia.

Por el contrario, yo prefiero ganarme el dinero honradamente trabajando. Me siento satisfecho y al mismo tiempo bien con Dios. Cada día que me acuesto duermo feliz de no vivir de los demás.

Mi inclinación es por lo celestial. El dinero se queda en este mundo. Preocuparse por el prójimo es algo más importante, el capitalismo es destructivo.

El dinero se hizo para crear pobres y también ricos, mejor dicho para dividir la sociedad en clases sociales, y menospreciar unos a otros. En otras ocasiones el dinero sirve para provocar peleas y a veces hasta la muerte. La esperanza de darle una mejor vida a la familia.

Capítulo 3

La esperanza de darle una mejor vida a la familia

Sin duda Don Mario se desahogaba mientras John esperaba sonriendo que le llegara su turno.

El Guatemala con la boca llena de comida apenas alcanzó a decir sus palabras mágicas ¡Puras fallas! Con intenciones de pedir la palabra. El tema es bien importante pero lo que les quiero contar es que a mi esposa y a mí se nos acabó el dinero y no pudimos pagar la renta a tiempo, y nos corrieron de la casa porque ya habían pasado 30 días así que me toca buscar donde vivir, jefe ¡puras fallas! Dijo– y, ¿ha esto te referías cuando decías así?– dijo don Mario – si y ustedes que pensaron? Que que a lo mejor te gustaba la conversación – dijo el religioso. Bueno eso también. Eso de la competencia me gustó mucho. De eso tengo algo que contarles.

Te escuchamos dijo John recostándose a la silla mecedora. Y pedía otra remesa de comida. La tarde estaba linda y fresca y comenzaban a encender los faroles de los postes de la luz.

La Competencia

Hace 5 años cuando me tocó decirle adiós a mi patria querida, no lo hice

23

voluntariamente, me obligaron a salir del país. Debido a que recién había iniciado un negocio, un taller y repuestos para motocicletas. El negocio iba creciendo como espuma, por qué lo hacía con emoción, y me entregaba al 100% por atender a mis clientes, 14 horas sentía que me pasaban volando.

Comencé con poco dinero. Al principio solo parchar las llantas, y en cuestión de un año ya tenía hasta motocicletas de venta. La mala noticia era que la competencia ya no estaba contenta. Porque habían perdido clientela conmigo. Ya había agravaciones verbales. Me tiraban piedras a mi taller por las noches. Con la intención de quebrar los vidrios de la tienda.

Un día que me disponía ir a trabajar como a las 5 de la mañana, me lleve tremenda sorpresa, encontré mi taller en llamas, todas mis cosas estaban reducidas a cenizas, se había quemado todo, fue grande mi desilusión, mis sueños también habían sido truncados al menos temporalmente.

La esperanza de darle una mejor vida a mi familia había terminado. –Quien te mira todo picado de los zompopos pero eres un gran emprendedor – Dijo Don Mario – ¿y qué pasó después? Cuéntanos.

Las guerras

Bueno lo que sucedió después es que frecuentemente me amenazaban de muerte, me pidieron que me fuera del país, Guatemala con la Amenaza de que si no lo hacía no solo yo iba a morir, si no también mi esposa y mis hijos. Hizo un silencio, Y enseguida dijo–tartamudeando ¡Puras Fallas! por no querer morir o no querer matar a otras personas, lo más fácil que me resultó fue emigrar a los Estados Unidos. Los mensajes al celular eran constantes.
Diciendo el tiempo que me daban para que desapareciera del país. Con lágrimas en los ojos le dije adiós a mi mama y mi papa, no sé cuándo los volveré a ver –exacto–dijo don Mario, –esto suele suceder en compañías grandes y también entre países. Fruto del capitalismo. Haciendo competencia del dominio de los territorios como lo predijo el economista Karl Mark.

Capítulo 4

Me tocó emigrar a Estados Unidos porque todo el mundo dice que aquí es donde está el dinero y las oportunidades y es un país libre. Y eso era lo que yo quería: libertad en todo. Lo difícil que es cuando vienes de un país pequeño a un país grande es un verdadero reto, no estaba listo, hoy en día me han influenciado las malas compañías tanto como las drogas y el alcohol. Para mi opinión ese mismo capitalismo es el que incrementa las prisiones, la migración, las drogas y el alcohol. El capitalismo es el responsable directo de todo este movimiento, obviamente que esto tiene que existir cuando hay mucha gente junta. Porque el dinero llama a las personas creativas a suplir esta debilidad de la gente. Donde hay gente hay trabajo, dinero, hay emociones. Y hay problemas

–Buen punto dijo por fin John, un país pobre es igual a poquitos emprendedores, y un país rico es igual a muchos emprendedores, en pocas palabras, la riqueza verdadera se encuentra en la creatividad de las personas de un país. Muy a menudo encontramos países ricos en recursos naturales, pero el sistema que los gobierna mata la creatividad de los individuos. Tienen gente muy inteligente pero les tienen cortadas las alas. También encontramos países que carecen de recursos naturales, pero llenos de oportunidades. Porque ellos mismos las han creado.

La riqueza está en la organización de las personas, poniendo sus talentos al servicio del país. No hay necesidad de emigrar y enfrentarse a retos enormes. En todas partes hay oportunidades, solo hay que aprender a verlas. En las mentes se encuentran o se crean las oportunidades.

El religioso agregó. John tiene razón, yo soy testigo de gente que emigra y los he visto sufrir de muchas maneras, y por mucho que intenten, no llegan a superarse. Debido a que la pobreza se lleva dentro no tanto es el país. Si no en la educación que se ha recibido desde pequeños. Somos producto del mismo sistema. Y llegan a otro lugar o país a comportarse como si estuvieran casa propia. Con hábitos destructivos, en especial con el de abusar de la confianza.

Lo más ideal es informarse y no dejar a sus familias, para evitar desintegración familiar. La familia lo es todo.

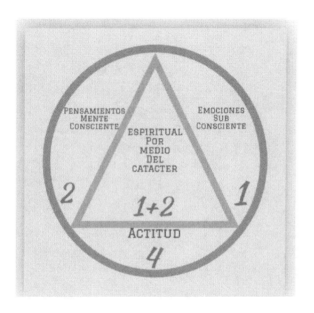

La educación

Don Mario, prosiguió....
Los capitalistas después de endeudarse con préstamos imaginarios que los terminan pagando los trabajadores.
Lo primero que hicieron fueron escuelas y universidades, y empaquetan profesionales como sardinas enlatadas. Con los nombres de doctores ingenieros como yo. Abogados, maestros para que eduquen a otros maestros a hacer pobres.
Este tipo de educación se terminó, junto con la era anterior. Si decides estudiar, aprende como extra sobre liderazgo e inspira a la gente a hacer cambios. Ya que ahora el centro de todo es la información.
El que sabe cómo organizar personas y dirigirlas, tienen mejores oportunidades. Ya no tanto la profesión en sí, aunque todos somos importantes y necesitamos unos a otros.

Calentamiento global

Con los tratados de libre comercio, han sido una puerta a la multiplicación de desperdicios y contaminación casi a nivel mundial. Los países con más fábricas inundan a los países en vía de desarrollo con productos. Afectando también a las pequeñas compañías locales. El aumento de automóviles también aumenta el dióxido de carbono que destruye la capa de ozono. La destrucción de las reservas forestales, incrementa los fenómenos naturales, como huracanes, tsunamis, etc. Y la extinción de los animales que son parte de la cadena alimenticia.

El calentamiento global amenaza nuestras vidas.

Desde el punto de vista de un trabajador profesional que se inclina por el socialismo estos fueron nuestros puntos de vista

¿Qué es la pobreza?

Mario– Ausencia de vivienda, carro, comida, trabajo, ni esperanza, como tampoco una buena educación. Inseguridad y pocas oportunidades.

John– Pobreza es tener la información equivocada. Pobreza es creer que una mentira es verdad y no tomarse el tiempo de averiguarlo. Ignorancia Religioso: – Pobreza es no tener a Dios en el corazón. Guatemalteco Mateo. Pobreza son puras fallas.

Capítulo 5
Argumentos. Puntos de vista del capitalismo John

Al revisar el socialismo con detalles sin duda este gira en torno al gobierno y las igualdades de la economía. El Estado controla el dinero, los bienes y beneficia a los más pobres.

Los resultados indican que este sistema crea dependencia. Incapacidad de sobrevivir por sí solos, el socialismo es la misma esclavitud. En Estados Unidos, es el reflejo de este sistema, cuando hay muchas personas desaprovechando oportunidades. Cuando el gobierno regala dinero a las personas, corta las alas, impidiendo que sean ellas mismas que vuelen alto, pero si se trata de súper talentos, se olvidan para qué han nacido.

Otro ejemplo que puedo encontrar es: el de una madre que tiene un hijo y nunca le quita la teta y pasan años y el niño de 40 años aún continúa creyéndose niño.

En mi opinión, la persona tiene el derecho de valerse por sí sola. Es un principio universal o ley de la naturaleza. Los animales la conocen muy bien, la tigra obliga al tigrito a que case por su lado no dándole de comer. Eso se llama libertad.

Libertad crea riqueza. Dependencia crea pobreza, esclavitud. El capitalismo crea líderes. Pequeños gobiernos separados.

En mi opinión el socialismo es demasiado bueno para ser verdad y termina matando el talento de los seres humanos. Mata la felicidad que genera desarrollarse sin límites en lo que más te gusta. Y aunque el gobierno sustenta todas sus necesidades hasta rebalsar no reparara el verdadero problema. Quitan el hambre pero no les deja crear. y algo que sí es verdad es que el ser humano es una máquina creadora. Crear por su cuenta. El gobierno sabe que al suplir las necesidades básicas al pueblo se mantiene libre de una revolución. Por esta razón los satisface. La cosa que causa más satisfacción en las personas es: el tener comida, cuando hay comida todo el mundo está feliz. El gobierno socialista se aprovecha de eso.

Una familia tiene que aprender a ser independiente.

En el socialismo son pocas las recompensas, y precisamente las recompensas son las que impulsan los proyectos, de lo contrario nada se mueve. Cuando uno va a la iglesia va por una recompensa, la salvación, si vas a la universidad lo haces por un título. Si vas al trabajo es por ganar dinero. Si juegas un deporte es para levantar la copa. Siempre tiene que haber un motivo. Así vive una persona al máximo.

Cuando hay poco recompensa, se tiende a ser mediocre, hacer las cosas como salgan total ya sabemos lo que tenemos, nos esforcemos o no.

¿Y los sueños?

Si no puedes lograr cosas por tu cuenta, donde quedan los sueños, tu pasión, la adrenalina, para vivir una vida emocionante: ¿Dónde estará el sentido de la vida? Como se puede saber hasta dónde fuiste capaz de llegar?

Se puede ser cualquier tipo de profesional en la carrera que te guste, Pero, ¿qué pasa si no tienes acceso, a hacerte de tus cosas personales que quieras? Sentirte exitoso e imparable, sentirte que estás sirviendo en grande tal como lo habías soñado. Yo sé que siempre el ser humano se ayuda pero yo me refiero a que seas libre de parar hasta donde tu quieras que el gobierno tenga que escuchar, cuando tu hables porque eres una persona abundantemente y bendecida, y que todo proyecto que emprendes se convierte en oro.

Capítulo 6

Smith y Marx: Según Smith con respecto a la competencia

La competencia de negocio, de un país a otro, lo único que hace es beneficiar al consumidor o a los clientes.

Consiguiendo mejora en los productos y al mismo tiempo, mejorando los precios, por medio de una mano invisible. A todos nos interesa que un producto cada día vaya mejorando por medio de la presión de otro que cada día intenta estar en primer lugar con la calidad y el precio para tener satisfecho al cliente y así dominar los mercados. Cuando uno es rico y exitoso, No odia la competencia, somos seres realizados, que entendemos al oponente como nuestro complemento.

Cuando el producto no tiene competencia, pueden venderlo a cualquier precio y mejorarlo muy poco. Los monopolios no tienen obligación de beneficiar al consumidor. El socialismo es un perfecto monopolio.

El capitalista es creativo, descubre necesidades y las resuelve, no necesita al gobierno son líderes creando líderes. Los países socialistas también tienen líderes pero los mantienen con una soga en el cuello. Si los dejaran crecer, serían como un árbol con abono. El desarrollo llegaría de manera exponencial.

El conformismo

Tener un empleo no es malo, si haces lo que te gusta, lo malo es quedarte donde no te gusta toda una vida.

Teniendo libertad, como la que nos proporciona este sistema, no sería correcto desperdiciarla.

La democracia es la base de la sociedad, que no te cierren la boca por un plato de comida. El dinero persigue a la gente que lo sabe multiplicar y cuidar. No a los que lo persiguen.

Si el dinero se repartiera en partes iguales, la pobreza continuará porque la situación no está en no saber hacer dinero, sino en saberlo utilizar.

Con el poco que ganas todo el mundo puede hacerse millonario, si lo supieras multiplicar.

Pilares del capitalismo
El capitalismo se basa en los siguientes pilares:
• *Propiedad privada, que permite a las personas poseer bienes*
tangibles, como tierras y viviendas, y activos intangibles, como acciones y bonos.

• *Interés propio*, por el cual las personas persiguen su propio bien, sin considerar las presiones sociopolíticas. No obstante, el comportamiento descoordinado de esos individuos termina beneficiando a la sociedad como si, según aseveró Smith en 1776 en *La riqueza de las naciones*, estuviera conducido por una mano invisible.

• *Competencia*, la cual, gracias a la libertad de las empresas para entrar y salir de los mercados, maximiza el bienestar social, es decir: el bienestar conjunto de productores y consumidores.

• *Un mecanismo de mercado* que determina los precios de forma descentralizada mediante interacciones entre compradores y vendedores; los precios, a su vez, asignan recursos, que naturalmente buscan la mayor recompensa, no solo por los bienes y servicios sino también por los salarios.

• *Libertad Elección* Con respecto a la producción y a la inversión: los clientes insatisfechos pueden comprar productos diferentes; los inversores, emprender proyectos más lucrativos, y los trabajadores, dejar su empleo por una mejor remuneración.

• *Intervención limitada del Estado*, para proteger los derechos de los ciudadanos privados y mantener un entorno ordenado que facilite el correcto funcionamiento de los mercados.

Las diversas formas de capitalismo se distinguen por el grado en que funcionan esos pilares. En las economías de libre mercado, o de laissez–faire, los mercados operan con escasa o nula regulación. En las economías mixtas, donde se combinan los mercados y el Estado, los primeros tienen un papel dominante, pero están regulados en mayor medida por el segundo, para corregir sus fallas, como la polución y la congestión de tránsito; promover el bienestar social, y por otras razones, como la defensa y la seguridad pública. Actualmente predominan las economías capitalistas mixtas

Referente a Karl Marx

Este fue una persona pobre económicamente, siempre fue empleado, nunca supo emprender las veces que lo intento fracasó y se rindió fácilmente. Un fumador compulsivo, desordenado y con problemas familiares por falta de dinero la mayoría de su tiempo se dedicó a pensar y lo hacía muy bien el mundo ha hecho eco a todo lo que el argumentada, hasta el sol de hoy lo sigue haciendo. Ha tenido un efecto poderoso.

Sin duda muchas de sus ideas por su manera de vivir venían afectadas de resentimientos. Por su pobreza, y tener que andar pidiendo prestado en algunas ocasiones a sus amigos. Era evidente que carecía de educación financiera.

Sin embargo cuando el capitalismo apenas comenzaba se cometieron muchas fallas, en ese tiempo, castigan a madres embarazadas y a niños cuando no rendían lo suficiente en sus trabajos.

Esa fue una de las razones que argumenta el filósofo Marx. Según él era necesario un bienestar común e igualdad en las personas.

También argumentaba que el capitalismo era destructivo, y que pronto se convertiría en un imperialismo es decir; Unos pocos dominantes y que seguidamente acabarían con el mundo. Sus protestas ponen mucho a pensar. Por qué un 5% de la población son los que dominan las riquezas.

También es típico las peleas de territorio por petróleo, y otros minerales, que puede acabar en guerra. Por eso toda opinión vale, no importa si es socialista o materialista. Cosas que deben atención por parte de Marx.

Pero también por otro lado sembró el odio y atentó con la libertad de muchas naciones por causa de su filosofía han habido muchas muertes, y sueños truncados. Ellos luchan por la igualdad y por la seguridad. Nosotros por libertad de expresión, democracia, y libertad de tu familia.

Nadie es mejor que nadie, lo único que queremos, compañero socialista es verte volar para el resto de tu vida, verte ser tú mismo. Verte florecer como un jardín de flores de todos colores, para todos esos aventureros osados el capitalismo es terreno propicio.

Los ricos creemos que toda riqueza viene de Dios y que nosotros somos buenos administradores las posesiones materiales, sólo son prestadas para el que quieran convertirse en un buen administrador, las riquezas se le confían a las buenas personas, que no se enloquecen. Somos instrumentos de desarrollo humano, ¿y tú? ¿Cuánta ayuda esperas que llegue a ti por parte del mundo o del gobierno?
Invertir dinero a tu mente es lo más importante en esta era, para luchar en contra de los retos que enfrentamos, el religioso preguntó;
—John, ¿Usted heredó sus riquezas o la construyó desde cero?
Mis papás eran pobres, a mí me tocó comenzar de cero. A continuación te voy a presentar la transición de mi vida de lo que tuve que pasar para llegar donde me encuentro. Hoy debo decir que los cambios más grandes fueron los que desarrolle dentro de mi persona o ser.

Capítulo 7
Alegoría de la transición

Una mañana silenciosa me encontré conmigo mismo, mis manos sobre la almohada sostenían mi cabeza, mientras observaba el ventilador de mi habitación, dar vueltas lentamente.

Respiraba mucha paz. Y tanta concentración hasta el punto que mi mente me llevó por medio de revelación a un lugar de competencia, es decir una maratón, de lucha por sobrevivir. En seguida suscitó una pregunta. ¿Por qué mucha gente lucha y lucha y termina siempre con poco? Y ese poco les resulta ser suficiente.

En esa competencia que mi mente visualizaba había dos pistas, una muy limpia y pavimentada, como para corredores profesionales, el cual eran unos poquitos. Lucían muy felices y caminaban en grupos como una familia. Ellos tomaban descanso constantemente y lo hacían sin ninguna prisa. Dando una sensación que tenían todo el tiempo del mundo, en esta pista carecían de distracción, no más que el cantar de los pájaros y el aleteo de las mariposas en los inmensos jardines de flores de todos colores, junto a la grama verde recién rociada por la lluvia.

El romanticismo era contagioso al observar al esposo tomar de la mano a su compañera y avanzar juntos hacia la meta que se encontraba al final de la pista.

Como si hubieran calculado todo, sin duda mantener la armonía era una estrategia clave para ellos. Llamaban la atención de todo el mundo. Debido a que mantienen una energía muy atractiva por su felicidad y la libertad de avanzar.

Lo que me entristecía era que yo me encontraba del otro lado. En la pista de muchas personas, llena de basura, y las calles sin pavimentar, ambas pistas iban continuas una pegada a la otra, a tal punto que casi se unían. Lo único que las dividían era un muro de hierro que evitaba el cruce de un lado a otro, Todo el mundo se preguntaba dónde estaba el anhelado absceso, y pasar a competir con los grandes, como todo profesional y al mismo tiempo, disfrutar del bonito ambiente. Sabíamos que muchos habían salido de esta pista congestionada. La pista donde se vivía un ambiente estrictamente difícil. y fiestero a la misma vez.

Llenos de centros comerciales como *malls* discotecas, canales de televisión ,cadenas radiales, restaurantes, mercados de segunda, cantinas estadios de fútbol,artistas mal hablando que imponen modas, hombres vestidos de mujeres, y viseversa.escuelas universidades, hoteles, hospitales, asilos orfanatos, estéticas,fábricas de todo tipo, bancos, discotecas,y un grado alto de cambios físicos como cirugías y tatuajes. y por último iglesias de todas las denominaciones, argumentando cada un ser la correcta y tener con seguridad la salvación.

El tema principal de costumbre era el de *dinero*, la mayoría quería aparentar con lujos y que de alguna manera provenían de la mejor pista, la deseada.

Lo más extraño era que nadie de los de la pista aprendiz era dueño de ningún negocio antes mencionado, si lideraban como gerentes, pero no dueños mucho menos del dinero. Hablaban de dinero pero ninguno lo tenía. Argumentando que el dinero no era realmente importante. Pero que irónicamente permanecían todo el tiempo persiguiéndolo. Lo que les provoca agotamiento continuo y cansancio. Había muchos detalles que me despertaron curiosidad. Uno de ellos es que caminaban como dormidos pero con los ojos abiertos. Un poco parecido como un sonámbulo o un zombi arrastrando los pies y con la mirada perdida en el pasado.

Hacerse la víctima era un deporte en los momentos cortos, que podían razonar por la necesidad de sentirse comprendidos, por la carrera que les había tocado correr. Y porque todos los demás se aprovechan de nosotros. La excusitas como deporte.

Mientras yo volvía a ver a mi alrededor y a mi pasado y ninguno de mi familia había evolucionado a la otra pista, mientras proponía, si ir aquí es tan complicado pues buscamos una forma de pasar al otro lado.

Ahí va menos gente y por lo tanto hay más espacio y es una mejor pista y por consiguiente podemos lograr más rápido la meta. No hay nadie que nos pueda impedir. Porque aquí no se puede caminar debido a que tropezamos con los demás. Como ustedes pueden ver no hay ningún letrero que diga no cruzar. Creo que si nos unimos todos podemos romper el muro y cruzar, como normalmente se sabe resolver las cosas en este lugar. A la fuerza con violencia. Como quien dice si no me das te lo quito.

Pero las respuestas no podían ser más desalentadoras, solo avanza, no te detengas, lo único que haces es distorsionar el ritmo que ya llevamos.

Capítulo 8
Escape De La Realidad

No ambiciones mucho, recuerda que eso es malo, carcome el corazón, confórmate con lo que tienes, y en el nivel que te tocó vivir y sé feliz.

Se agradecido, estudia para que vivas la vida más suave, y así consigas sufrir menos y tengas seguro un sueldo hasta que llegues a viejo. Pasar al otro lado es imposible, esa gente qué pasó ya estaba predestinado que así iba a suceder.

A mí lo que me impulsa es sentir la sensación de que lo imposible se puede lograr, y que nacimos para trascender. El enfoque de ustedes y el mío al parecer son muy diferentes.

Los ideales existen para lograrlos. No te distraigas que cada vez que lo haces, provocas contrastes en el progreso de los demás. Esta pista también tiene buenas recompensas. No tienes ni idea lo valioso que es seguir aguantando.

Aquellos que van en la pista limpia su recompensa va a ser pequeña. Tal vez más bien les espera un castigo.

Nuestra pista va directa a Dios, somos dignos de Dios. Mientras que aquellos no.

Sabemos que Dios nos ama sólo a nosotros. Por qué sufrimos

Es lo mejor que podemos experimentar. Me consolaba mucho esos comentarios y me daba carácter para seguir luchando, todo el mundo se alegra estar en la presencia de Dios y nadie conoce el corazón, puede haber muchos que quieren cruzar con un propósito.

Claro por Dios somos capaces de no sentir la sed ni el hambre ni el calor de la calle también hay otros caminos para agradar a Dios.

A veces hasta me gustaba ya el calor ya casi se me borraba de la mente el querer pasar a hacer equipo con los grandes. Olvidaba mis sueños

Pero mi corazón me decía a cada instante que hay más oportunidades. Y que Dios quería que tuviera una vida de abundancia. Otros aseguraban que más adelante las dos pistas se unen y podríamos disfrutar la vida que todos queremos.

Pero, ¿para qué esperar si encontramos una forma de crearla hoy?

Muchos se quedaban en el camino en la medida que avanzábamos.

Y el camino nunca mejoró, se quedaron no más con la esperanza.

Frecuentemente veía a la gran mayoría despertar y decir esta vez sí voy a cruzar a el camino rápido tengo un plan hecho ya y comenzaban, pero en el transcurso de un mes, se volvían a caer dormidos otros duraban más tiempo. No tenían fuerza de voluntad, la comodidad de estar dormidos les ganaba. Como la mejor manera de esquivar el sufrimiento, el dolor personal y el de sus seres queridos.

Los demás encontraban maneras más listas de escapar de la realidad, la tristeza y la desesperanza. Como ingresar a las pandillas y sentirse amados, en un ámbito social con misiones concretas de las que no encontraban en la carrera, Otros se sumían en las drogas, alcohol para sentir la adrenalina que tanto necesitaban. Redes sociales para recaudar aceptación

Sin embargo esto solo les dejaba una vida más vacía y sin sentido.

La prostitución es otra de las esclavitudes, algunas veces por dinero, otras veces por placer. El ambiente se prestaba para todo, Los últimos tomaban la mejor decisión sumergirse en la iglesia y ver el mundo desde otra perspectiva. Pero que al final estaban escapando siempre de la realidad.

Que la caída de los seres queridos te inspiren

Dándole otro sentido mejor a las cosas, lo especial que encontré en este lado, además de que todos caminan como zombis. Era que lo sabían todo, la verdad absoluta, una idea nueva rara vez era aceptada, tenían miedo a los cambios. Con este gran deseo de pasar a la otra pista, muchas veces corriendo, muchas veces cayendo, y atropellando a los demás.

Total era un desastre, yo sentía que tenía que hacer algo y en ese (momento) pensamiento no me dejaba feliz en ningún momento. Me veía corriendo, derribando el muro y escapando, al final no estaba ni en una pista ni en la otra. Algo grave.

Presencie a mi abuelo caer de rodillas en la pista como negándose a darse por vencido muy enfermo y cansado de tanto luchar. Al parecer su pista había terminado, las esperanzas de llegar a la parte mejor nunca habían llegado ni mejoras del camino por lo menos.

Era aún joven pero esa vida lo terminó. Lo perdimos, seguidamente en un tiempo corto cayó mi abuela y ambos lucharon como unos grandes guerreros.

Pero había llegado el momento de dejarlos abandonados a la orilla del camino. La melancolía con un recorrido de su historia les dije adiós.

Surgieron más preguntas. He visto caer muchos en el camino, incluyendo mis abuelos y nunca lograron liberarse y de esta misma manera pueden caer mis padres, mis hijos y mis nietos. Los sueños de mis padres de llegar a una parte mejor del camino ya me inspiraban, junto con el futuro de mis hijos. La tercera característica notable que encontré era que muy fácil se dejaban llevar por las emociones. El ambiente siempre estaba tenso todo el tiempo, constantemente veía parejas juntarse de la noche a la mañana, y de la misma manera dejarse. La sociedad se convirtió en un microondas entre más rápido mejor.

Constante había peleas matrimoniales, celos, infidelidades, niños abandonados. Madres luchando solas con sus hijos, hombres irresponsables. Cruzar al otro lado era importante para poder enseñarle el camino a todo el que quería cruzar.

Mi papá me animaba a seguir avanzando y viviendo honradamente. Trabajando duro en la otra pista están los haraganes y tú no eres de esos. El trabajo dignifica, nosotros no nos rajamos a nada en la vida.

Claro que sí papá yo nunca me rendiría pero para encontrar un método, para estar en un lugar que tanto he deseado. Había tomado la decisión. Mi padre se veía cansado, su energía había reducido un 50% su cara podía delatarlo que las esperanzas estaban por terminar.

Al final tomé la decisión de detenerme por completo con resistencia tomé la decisión equivocada, desesperado grité fuerte ALTO.

Había logrado algo en la vida por fin, me habían expulsado de la carrera, el castigo era también a mi esposa que tenían que detenerse con mis hijos para esperarme. Indignación odio amor desilusión, fueron muchas las emociones.

Un fuerte deseo de superación era el que me embargaba esta vez más fuerte que nunca, estaba dispuesto a hacer lo que sea para salir de esa situación, y ganar. No tenía intenciones de volver a ese mismo lugar. O cambiaba de camino o moría, no me permitía otra opción. Estaba determinado, tenía que encontrar la fórmula para tener éxito.

Capítulo 9
Asesinos del Tiempo

Esa vida antigua había terminado para mí, otra vida nueva era necesaria que comenzará, sabía y tenía claro que era yo quien tenía que provocarla y nadie más.

Tenía que haber una transición, una división de un antes y un después, y poner a mi familia en el futuro correcto. Quien se me atravesara en mi camino lo hago a un lado, asistí.

Si esta gente avanza completamente inconsciente. La táctica debe estar en permanecer despierto el mayor tiempo posible y debe existir un motivo que los mantienen despiertos, ¿o una razón de permanecer dormidos? Esto puede ser una solución, pensé. Tengo que avanzar y enfocarme a permanecer consciente, y disfrutar cada momento de la vida. Fueron momentos cruciales en formar mi propio rompecabezas.

Supe rápidamente que permanecer ignorando lo que sucede a mi alrededor, incluso cuando suceden cosas importantes desperdiciaba mi vida. Mientras otros la aprovechan al máximo y reciben más beneficios. No es mal negocio, ser feliz. *Mi objetivo principal fue despertar,* comenzando de menos a más, la práctica diaria fue mi mejor maestra. He comprendido que ocho horas trabajando sin disfrutar lo que hacía eran horas perdidas.

Ocho horas que dormía mucho menos contaban cuatro horas las gastaba en necesidades básicas. Y las últimas cuatro me las dedicaba a entretenerme, estas últimas son las clave. El tiempo no perdona. Y me había convertido en un asesino del tiempo. La peor desgracia que puede sucederle al ser humano es que desperdicie su tiempo. Comprender eso tan claro que jamás podría olvidar. Tú también tienes las horas contadas. Aunque tengas hoy 15 o 18 es mejor que comiences a vivir a lo máximo, dormir menos, hacer el oficio que te apasiona, vivir saludable. Mientras yo permanecía activo tomaba control de mi tiempo. Y así comencé a hacerme dueño de mi vida.
Podía darme valor por mí mismo y quitaba las manos de los ricos del volante de mi auto. Sentir la sensación de manejarlo yo.
Al permanecer razonando podría decidir cómo quería que fuera mi vida en el futuro, estaba tomando el rumbo correcto.
Por fin era dueño de mi final escribiendo y haciendo que fuera como yo mismo quisiera, me movía motivar a todos a encontrar un propósito.

Y parar de irnos atropellando unos con otros consciente o inconscientemente y nunca permitir que otros escriban en las páginas sagradas de tu historia. Recuerda que la película quien tiene que escribirla eres tú mismo para que sea divertida.

Si quieres vacaciones y no tienes tiempo o dinero alguien está escribiendo en tu vida y la de los tuyos. Si se te antoja comer una buena comida, y no cuentas con los fondos, alguien está escribiendo en tu vida. Y lo peor quitando la abundancia de la boca a tus hijos. No permitimos eso. Nacimos libres y no esclavos.

"Tenemos que cambiar para que cambien las cosas"

¿De quién será tu vida? La transformación del ser es:

El acceso de la otra pista, solo tú lo encontrarás. Tú decides cual es. Porque solo tú sabes tus inclinaciones que te hacen caer y las que te levantan. Si ya las encontraste, felicidades bienvenido.

Míster John nos dejó completamente inspirados.

Por otro lado, me quedé pensando en esa pista nueva, y me acordé de un personaje llamado Platón que hablaba de dos mundos.

Dos mundos (Platón)

Retrocedí entonces, cuando caminaba por la calle, que nos despedimos con el niño y regresaba a mi centro de estudio. Mi maestro, comenzó la clase con un personaje llamado Platón, que hablaba que el mundo que vemos solo es una copia, de que el mundo verdadero es el que solo está en los pensamientos. Cuando John hablaba yo reflexionaba. Así que la gente al ser consciente que todo lo que pasa por la mente que es el mundo invisible o principal se plasma, en el mundo exterior exactamente como una fotocopia.

Es posible que el que ignore este principio para el no exista otro camino mejor o otra pista mejor que la pista polvorienta.

Es posible que el que ignora este principio. No se dio cuenta que la otra pista la puedas ordenar a tu manera, limpiar a tu manera, poner a solo las personas que tu quieras y que el acceso ahí solo está a la vuelta de una idea. Si ordenas tus ideas ordenar el mundo visible.

Capítulo 10

El Principio Universal Del Mundo Interior Al Mundo Exterior

Así como Picasso pintaba sus cuadros y por medio de ellos expresaba sus ideas, Miguel Ángel creaba sus esculturas, los cantantes y poetas desahogan sus sentimientos, por medio de la poesía romántica, y los arquitectos imaginan sus nuevos edificios. Así de esta manera es la misma con la que se presenta el éxito. A estos artistas o personas que hacen presente el éxito, o materializan las ideas; se les puede poner un nombre, Tal vez ricos, millonarios o realizados, como quieras llamarlos.

El éxito es la expresión de la esencia del individuo, es una fotocopia de sus ideas es decir del mundo interior de su ser. La impresión del ser, pero no de impresionado si no de impreso. Esto explica por qué dos personas, en el mismo tipo de emprendimientos, tienen resultados diferentes. Porque todo se debe a su autenticidad, al final terminamos reflejando lo que realmente somos. En otras palabras cada belleza que te encuentras en tu camino, tiene que venir del corazón y las ideas de alguien. Gracias a las personas lindas por dentro tenemos buenas obras de arte. Cada fuente, cada ciudad, cada estatua, carros, barcos, aviones tuvo origen en la mente y el corazón de alguien.

Cada persona linda por dentro, fue obra de arte de otra que la influyo. Y aquí sale una pregunta interesante. ¿Qué tan lindas son las personas que tienes a tu alrededor? Pues sorpresa, son tu obra de arte, eso es lo que has creado tú. Ellas son un reflejo de ti.

No en lo físico, porque ahí el artista es Dios. A lo mejor tú dirías que cuando Dios me creó a mí ya estaba cansado. Jajá no te creas todos somos lindos. Los sueños de Dios son maravillosos.

El punto es que si no hay un mundo interior lleno de abundancia. Habrá un mundo exterior lleno de carencias. Esto es en todos los aspectos. No solo en cosas materiales. De adentro hacia fuera, de lo invisible a lo visible, como se dan los frutos que salen del tronco de la planta. Cada idea tiene su efecto. Cada sentimiento tiene su efecto.

La transformación hacia el éxito sigue este mismo principio universal. "Un árbol bueno solo puede dar frutos buenos."

Para tener un mundo maravilloso más de lo que ya es. Necesitamos una transformación por dentro.

Es una ley de la naturaleza, y nosotros pertenecemos a la naturaleza es por eso que la transformación toma en cuenta los 4 elementos, por los que está constituido el universo. Agua, aire fuego y tierra y que también se encuentran en cada ser; somos la totalidad en una pequeña parte de todo un universo se puede encontrar dentro de nosotros.

La metamorfosis en un camino para darle rienda suelta a la imaginación. Ideas nuevas, da como resultado nuevas personas. Elimina las ideas erróneas que tienes de ti mismo si no te gustas.

Un 95% de nuevas ideas están esperando por ser descubiertas por mentes creativas, de esta forma te seguirá hasta volar. Y como me dijo mi maestro de secundaria. Todo aparato inteligente que se haya inventado solo es una copia del 5% de tu mente consciente creativa. Falta mucho que sacar de la mente humana. Tú eres infinito.

Eres lindo, linda, buena persona, pintor, escritor, poeta, millonario y un poquito loco también. Lo que eres capaz de llegar a imaginar.

Los 4 pasos de cómo se da la transformación son los mismos, pero cada uno tiene su propio camino.

Que lo que tú digas sea lo mismo que hagas. Y lo que tu aparentas ser sea exactamente lo que eres.

Paso 1. Introducción a La Fórmula de la transformación. El Corazón.

El lado humano de las emociones o sentimientos. El Niño o (mujer) por ser completamente emocional con mucha facilidad se puede encontrar invadido con lo que ve, escucha, siente, y respira.
Este primer paso en la mayoría de las veces sucede sin que uno se dé cuenta de lo que está sucediendo. Ya que se da como un impacto del mundo exterior. Puede afectar tanto de manera negativa como positiva. Ya que de esta forma es que se pierde el enfoque, como también, por esta misma forma puede alcanzar los más grandes ideales. El paso 1 es la otra cara del paso número 3, la espiritualidad. Tiene que ver con la práctica de la vida, es experiencia pura, no conoce de teorías y sus mejores aliados o obstáculos son los errores. La parte del ser que lo representa es el sistema límbico, el cerebro reptiliano que se encarga de activar el corazón y los músculos juntos forman el subconsciente, y por último el lado derecho del cerebro. El primer elemento el agua representa el cuerpo físico por el cual está hecho. Y es parte

del universo. *Su primordial tarea es traspasar el dolor, esquivando cuidadosamente todo lo que cause placer. (Pereza, gula, lujuria, etc... en general todo lo fácil y rápido)*
Las emociones son la parte más complicada para trabajar. Por esta razón una gran cantidad de personas se encuentran patinando en el mismo lugar. Platón dice, *el cuerpo es la cárcel del alma*, debido a que mientras estemos vivos, no la podemos separar del cuerpo, solo lidiar con ellas, al tener que encarar todo tipo de sentimientos. Al llegar a dominar este paso de emociones desarrollarás.

Liderazgo. Especialmente en ti mismo
Entender a otras personas, sus comportamientos Empatía
Encontrar el propósito de la vida
Recuperar la libertad

Paso 2. El adulto (hombre)

La parte número 2 los pensamientos. El paso número 2 de la transformación se encarga de controlar las emociones, lo representa el lado izquierdo del cerebro, este es el cerebro lógico, esta parte la razón o la direccional, la que diferencia un hombre de un animal.
Los pensamientos ayudan a administrar el tiempo y el espacio, el dinero y la

energía. Y la tarea más importante del hombre adulto (es decir la cabeza del cuerpo); es lograr una armonía con las emociones. Es decir con la mujer es lograr una danza bien sincronizada entre 2 individuos diferentes. *El trabajo de la mente es desvanecer los pensamientos que generan miedo. (Seguridad. Manipulación. Muerte. Control del entorno)* El elemento que lo representa es el aire. Como las ideas. Su trabajo es guiar, crear según sus emociones.

Paso 3. La Espiritualidad. Dios
¿Quién es mejor? El corazón o la mente

Los dos se complementan, se necesitan uno al otro. La unión de los dos forma un solo cuerpo, y solo juntos llegan a Dios. Hombre si tienes un corazón es para amar a las mujeres, y mujeres si tienes una mente es para respetar el hombre.(La cabeza). De manera que todos tenemos emociones, no solo las mujeres. y también todos tenemos pensamientos como el hombre; con el fin de que cada ser individual, hombre o mujer, logre armonizar su vida, logrando el dominio propio, para al mismo tiempo agradar y llegar a Dios.

Nacimos para servir

El que se conoce a sí mismo
Vive para servir a los demás, que es el truco perfecto para cruzar el miedo y el dolor.
El que se domina (conoce) a sí mismo, tiene fuerza de voluntad, nunca se rinde, su carácter desarrollado es su secreto. Pues su lucha la enfrenta por medio del espíritu no con el cuerpo. Su alma está unida con el alma suprema toma la misma fuerza que viene de Dios. La ley es el amor y el elemento es el fuego.

Paso 4. El Cuerpo
Su principal función es el servicio a los demás. Y soñar en grande materializando las ideas.

Es la suma de todos los hábitos adquiridos Es la suma de todos los hábitos adquiridos. El paso número 4 representa acción, echar andar la misión a la que hemos venido a esta tierra. Que se vean los frutos buenos, son resultados palpables, de todo el proceso de la transformación. La fe acompañada con obras. Hacer visible a los ojos la materialización de las ideas. El elemento que la conforma es la tierra. Y su principal función es vivir la vida al máximo lleno de abundancias

A Continuación la transformación al éxito hacia ti mismo, hacia la familia, hacia Dios, hacia la empresa, hacia el mundo.

Parte 1

Los Sentimientos
El falso yo en quien me he convertido

Capítulo 11

Las Emociones Del Corazón

¿Qué pasó conmigo? ¿Dónde estoy, se cayó un Ángel, o ya estoy en el cielo? – Dijo el seminarista cuando despertó y vio a Elisa, una enfermera preciosísima, cabello castaño y grandes ojos verdes, acompañado de una sonrisa que iluminaba el lugar, sencillamente irradiaba paz y felicidad. Todo le luce, definitivamente era una joven autentica.

–Solo tuviste un pequeño accidente; –dijo Elisa. Perdiste la conciencia por un ratito, cuando chocaste con un defensa rudo en el campo de fútbol, lo que informaron los paramédicos que fueron por ti.

Yo solo te voy a curar una pequeña herida en tu cabeza.

–También cúrame el corazón que ya lo siento dañado al llegar aquí. Jajaja sonriendo feliz Elisa responde: –No, no empieces, recuerda que vas hacer Sacerdote.

–Eso no me priva de cambiar de idea, cuando aun solo soy un estudiante y amo a la familia.

–Todavía estás mal de la cabeza, duérmete ahora vuelvo por una máquina de cortar pelo. – ¿Cómo? –Sí, o al menos cortarte solo un parche cómo el ojo de un volcán en tu cabeza

–No, mira Elisa puedes suturar así por favor no me quites el pelo de esta manera, ¿cómo me vas a dejar como un perico tierno? Te imaginas que todo el mundo se va a reír de mí y más que tengo que ir a dar una clase a la universidad muy pronto. Y también tengo una misión el sábado. Seré el centro de burla.

Las monjitas que lo habían llevado al hospital, al escuchar esto se quedaron viendo una a la otra y le dijeron. – ¡Qué vanidoso nos salió el seminarista!, mientras él sonreía de oreja a oreja. –En el oído le susurro una monja a la otra. Él todavía no se ha dado cuenta, que perdió los dientes de enfrente, porque todavía tiene anestesia. No le diremos hasta que se de cuenta por sí solo, cuando se vea en el espejo. que el espejo se lo diga. Sonriendo unas con otras. Sin embargo, él seguía enseñando la campanilla cuando se carcajeaba.

La monja preguntó al seminarista: – ¿En qué te has convertido?

Tal vez en un Guicho Domínguez, dijo Elisa, regresando rápidamente con la máquina en mano disfrutando de la escena, haciendo alusión a no tener dientes y estar enamorado.

–Seminarista tengo un buen libro para ti, lee algunos párrafos mientras te atiendo las heridas. Cuándo me desocupe en el futuro si quieres leemos juntos los demás capítulos, ya que a mi me encanta esta lectura. Puedo ir al seminario el domingo si fuera posible. ¿Qué te parece? – Formidable la idea creo que aprenderemos y nos divertiremos mucho.

–Haber pásame el libro muñeca, estoy ya muy interesado en leerlo.

Luego Elisa comentó, debido a los comentarios de las monjitas, comenzando con la pregunta ¿en qué te has convertido?, de esta manera me recordé de estos escritos. Es decir, de este libro.

Siempre hay un momento en el camino de adoptar una falta identidad. Como este personaje:

Ahora dime tú, ¿en qué te has convertido?

¿Quién estás siendo que no es lo que verdaderamente eres?¿Dónde te equivocaste que te desviaste del camino? ¿Cómo puedes volver al camino correcto?

–Voy chiquita, démosle vuelo a este libro.

Capítulo 12

La Torre de Control

Eran las dos de la mañana y no podía dormir, la mirada siempre se dirigía a la biblia que se encontraba en la mesa de noche. que normalmente se encuentra cerca de la cabecera de donde se duerme.

De pronto una voz interna me dijo abre la biblia, yo no hice caso por lo tanto seguí intentando dormir, mientras tanto la voz seguía insistiendo, puede haber un mensaje para ti. Lo cual me negué por segunda vez.

La próxima vez la conciencia me replicó más fuerte, ¿Y si verdaderamente hay un mensaje para ti? ¿Y te lo pierdes? ¿O si tuvieras que darle ese mismo mensaje a alguien más? No te puedes quedar con las dudas, o decir que no tiene algún propósito.

De esta manera me lance por la biblia, como cuando una foca se lanza de lado cuando se desliza del hielo y se zambulle en el océano. Habría el sagrado libro. A lo que saliera. Y mis ojos se dirigieron a ezequiel 33, 2 y lei todo el párrafo:

Cuando envío un ejército contra un país, los habitantes de ese país escogen a uno de los suyos para que sea el centinela. Cuando el centinela ve acercarse el enemigo toca la alarma para advertir a los habitantes.

Entonces si los que oyen la alarma se niegan a actuar y resulta que los matan ellos mismos tendrán la culpa de sus muertes. (Oyeron la alarma pero no hicieron caso)

Oyeron la alarma pero no hicieron caso así que la responsabilidad es de ellos. Si hubieran puesto atención a la advertencia podrían haber salvado sus vidas.

Ahora bien, si el centinela ve acercarse al enemigo y no toca la alarma para advertir a la gente, él sería el responsable de la cautividad del pueblo.
Todos morirán en sus pecados pero haré responsable al centinela por la muerte de ellos.

En la primera parte. Se que cada uno interpretó ese texto y recibió un mensaje personal que era para ti. Al parecer está llamando a hacer caso. A estar atento. En la segunda parte me quedé nervioso y sorprendido por la lectura bíblica que me había salido. ¿Y de qué tendría que avisar al pueblo? Y la responsabilidad que corría si no pasaba este mensaje. Así que me dispuse a encontrarme con mi ser y a vigilar cuando el enemigo se acercara, y a cumplir con mi responsabilidad conmigo y los demás. Y lo único que encontré fue un corazón enloquecido. Perdido, que no sabía diferenciar las amenazas verdaderas y falsas. y con mi reino que dirigir es decir mi vida

Un corazón enloquecido

Lo tomé como un mensaje para mí, debido al momento en que me encontraba, es evidente lo necesario que es prestar atención a la alarma que en este caso es el sistema límbico, y el corazón.

Pero, ¿qué sucede cuando el 95% de las personas escuchan la alarma y no detectan que tipo de amenaza se aproxima? Y actúan deliberadamente. O Lo ignoran. O peor, no escuchan nada.

En mi concepto todas las personas son comparadas con un reino. Y cada uno tiene una torre de control pero lo que sucede en estos tiempos modernos es que con los cambios agigantados han enloquecido al vigilante –ego o sistema límbico–, volviéndose loco tocando la alarma en todo momento llenándose de miedo cuando en realidad solo son simples sombras. Y dejando pasar desapercibido lo que es verdaderamente real. Olvidándonos completamente cuando realmente se necesita hacer cambios. O tomar decisiones precipitadas cuando en verdad solo son falsas alarmas. No saber distinguir el momento preciso que puede llevar a la persona a poner en riesgo hasta su alma.

Esto tiende a limitarse a lo siguiente:
La palabra más importante para el centinela es la seguridad. ¿Conoces a alguien que siempre apuesta por lo seguro?
Para contar con la garantía de mantener a salvo solo su reino personal. En este caso su cuerpo.
¿Cuándo se puede dar cuenta un centinela que su ciudad o reino se encuentra escandalizado? Hay Muchas maneras que el centinela puede sentirse amenazado Es precisamente cuando comienza a tomar ajustes sobre la demanda del entorno. Mencionando unas Por ejemplo:

Efectos de supervivencia de un individuo alarmado

Para no sentirse amenazado dice tengo que tener dinero para cualquier necesidad y de paso puedo ganarme el respeto de la gente. Si tengo bienes materiales como casas, carros etc me habré ganado un puesto en la sociedad y tendré aceptación y control. De lo contrario reinaría la duda y la desconfianza.

De esta manera todas las demás áreas de la vida se verían afectadas. Muchas personas se estarían preocupando por encontrar o casarse con una pareja solo por ser físicamente hermosa. Puede faltarle todo lo demás. Menos la belleza externa. Con el motivo a no ser criticados y competir en lo típico hacer sentir pequeño al prójimo.

Olvidando el principio que todo cambia y que un día llegaremos a ser viejos y la belleza que tanto admiramos desaparecerá.

Esto también le sucede a este tipo de personas. Si tiene plata están contentas El día que se encuentran sin dinero se convierten en diferentes personas. Histéricas, bipolares.

Todo depende de que vivimos inconscientemente de quien nos hemos convertido.

Tu tarea no es buscar el amor, sino simplemente buscar y encontrar las barreras dentro de ti mismo que has construido contra él.

El centinela alarmado es un falso yo (el ego) cualquier otra cosas puedes ser tú, menos la autocomplacencia. El ego o el falso yo son marcados con el fin de esconder supuestamente sus defectos. Y lo más interesante es que todos tenemos que partir de cero. Es decir un egocentrismo arraigado con camino a la liberación. Si eres humano eres egoísta. Es la única forma de definir un mortal.

Si no es de una manera se evidencia de otra. Muchos otros demuestran su parte humana al cambiarse la fecha de nacimiento para aparentar que son más jóvenes. Y obsesionarse con el colágeno o complementarlo con cirugías para llenar esos vacíos emocionales operándose la cara, las nalgas y los pechos. O sumándole tacones para verse más altos. Otros se injertan el cabello para ocultar sus entradas. En una ocasión Recuerdo un viejito de 50 años con aritos y pantalones debajo de las nalgas, caminando como un joven de 17 años. No tengo nada en contra de la sociedad, solo tengo que pasar un mensaje. Para que todos sepamos por qué no se hacen algunas cosas y por qué otras se continúan haciendo. Y quisiera decirle que cuando sentimos que estamos actuando de esta manera no somos nosotros.

Gorditos sumiendo la panza cuando la situación lo amerita. O usando fajas apretadas, que les impedirá hasta comer. Fotos con filtro en las redes sociales.

Estas mismas definiciones erróneas que no son tu verdadero ser son las que también les cuesta perdonar, por una pequeña discusión pueden pasar años dolidos y sangrando, y lo más seguro que de ellos mismos se originó la ofensa por la falta de control y la ira.

Todo se define a que vivimos inconscientemente de quienes somos, y lo que se necesita es recuperar la conciencia.

Capítulo 13
La Autocrítica a los Pensamientos

Quise no escribir estas críticas, pero me di cuenta que me iba a ver involucrado en proteger lo exterior, por miedo a ser criticado e iba a cometer el mismo error de disfrazarme y arreglar la verdad con mentiras

Es normal sentirse incómodo, porque solo así nos damos cuenta cual es el camino y donde tienes que trabajar para la transformación. El ego siempre tendrá una excusa y una queja cuando algo no le parece bien. Todo le molesta, El frío, El calor, La lluvia, El sol, Lo bonito y lo feo. Ningún ambiente será perfecto para el egoísta, sea un comentario positivo o negativo será siempre el ego el autor quien lo califica.

Si el mundo está mal es porque tú lo ves desde tu ego, no eres tú quien opina, tú eres alguien más, no eres el ego que vive completamente alterado por suposiciones que distorsionan la realidad.

Por estas mismas razones se vive inconforme con algunas partes del cuerpo y otros con el cuerpo entero, porque se visualizan desde aquel en quien se han convertido no en quien verdaderamente son. Todo se debe a que vivimos automáticamente avanzando en la vida donde nos lleva la turbulencia. Peleando una guerra en el exterior, es decir mundana, cuando deberíamos armonizar el interior,para llegar a ser un ser espiritual. En la mayoría de las veces queremos ganar el terreno donde no nos vamos a quedar donde estamos solamente de paseo, Por el centinela atormentado, es que tenemos al esposo o a la esposa en la casa y al mismo tiempo dirigiendo la mirada a otro lado tanto en redes sociales como mensajes de texto.

Por esto mismo estas mismas personas imitan a los artistas o famosos dejándose imponer las modas y los estilos y modos de hablar, lenguajes. Y no digamos los que se cambiaron el nombre y adoptaron títulos como abogados ingenieros doctores y que en algún momento si los llamas por su nombre les resulta ofensivo, en estos casos la vida nos vive a nosotros y no nosotros a la vida.

El falso yo

Eres una hermosa alma oculta por la capa del ego"

Se actúa con el falso yo cuando corremos la carrera solos, cuando nos creemos perfectos, en este caso nos convertimos en nuestro propio enemigo.
Nos aferramos a vivir la vida y terminamos perdiéndola deprimiéndose al cometer errores. Cuando ese es el mejor camino del aprendizaje. Pero no es una invitación a corromperse: es una invitación a entender que siempre

tenemos que levantarnos y aprender sin desanimarte.
Lo que se necesita es recuperar el control de la nave, y vivir la vida como la mejor escuela.

La buena noticia es que te des cuenta que cuando le envidias la casa al vecino o el carro, o el éxito, no eres tú quien lo hace. Es el ego, y el que provoca todo ese sufrimiento, al ver a otro que se levanta, que se le dieron las cosas o que tuvo resultados en sus proyectos sin embargo a ti no. Tiende a haber celos.

Vivir una vida con propósito, es vivir una vida planificada. Y no porque te toque vivirla.

¿De qué tamaño es tu ego? Más ego menos éxito, más carácter menos ego más éxito. Menos ego, más paz. La inteligencia emocional sienta sus bases en la paciencia que es fruto de la ausencia del ego y aumento del carácter.

Cuando tú falso yo sea del tamaño de Goliat todo lo que diga la gente, activará tus nervios y sería como ponerle gasolina al fuego. Nuestro ego pone el futuro en manos de los demás. Alguien más te está manejando. Por lo tanto alguien más tendrá el permiso de disciplinarte en lugar de ser tú.
Esto no tiene otro nombre que prisión.

Al final de todo continuamos muros de protección, y nos condicionamos a nosotros mismos, a procurar agradar a todo el mundo. Convirtiéndonos en lo que los demás quieren que nos convirtamos.

Y lo que se necesita es recuperar la conciencia y darte cuenta por qué haces todo lo qué haces cuando es tu voluntad hacerlo.

Capítulo 14
Palmaditas en la Espalda

Por escuchar la voz enloquecida, es que esperamos felicitaciones. Después de un logro, palmaditas en la espalda, que respalde lo buenos que somos.

Si a nuestro socio se le olvidara hacernos un cumplido, de lo guapo que lucimos, estaría en problemas, tendría una persona entristecida. El ego impide ser coeficiente.

Viven prestando el 100% del tiempo y de su atención de los detalles exteriores que los mantiene neuróticos, y sin dominio propio. Sepulcros blanqueados diría Jesús.

Viviendo la vida inconscientemente, buscamos todo el tiempo la aprobación de los demás por esta razón, el estado de ánimo depende de otros. Me gusta estar con aquella persona porque ella me hace reír. Mientras la persona esté segura de sí misma las palabras bonitas no causan mayor efecto. Ni tampoco las malas simplemente han tomado el timón de sus vidas. Su enfoque ha sido mejorar en su interior en su ser, y los demás cambiará a su debido tiempo como algo secundario

Por el falso yo, es que muchos hogares terminan divorciándose. El uno esperando del otro que cambie para mejor. Solo el otro tiene la culpa, y viene la suma de defectos.

Por esta misma razón muchas jóvenes se casan con la persona equivocada, no más porque le adorno tres palabras bonitas, qué tal ves son las mismas que repite a todas las mujeres. Pero la baja estima las minimiza y ahí valió.

El ego nunca se satisface siempre quiere más y más. Si en el hogar hay un poeta que dedicó una poesía al día, la otra persona insatisfecha querrá 2 poesías, o ninguna poesía será tan romántica lo suficiente.

Esto se refiere a todo lo demás, la comida le falta sal, tiene mucha manteca, los zapatos no combinan el vestido aquí aya. El egoísta siempre estará reclamando por todo, lo que se dijo y lo que no se dijo. Lo que se hizo y lo que no. Por mucho esfuerzo que se haga. Siempre querrá más. Querer satisfacer al ego lo comparo con regar flores artificiales y esperar que cambien de color, o esperar que florescan.

Amiga. Eso dolió jaja Bueno chica que tremendo libro y muy fuerte seguiremos leyendo juntos, Nos vemos el domingo Elisa, para que sigamos leyendo y comentando. Del caos que se ha convertido el ser humano. –Listo a las 9 am.

Los 10 lugares más felices del mundo

Ya en el seminario. –Me pareció que todo es un caos, cuando uno se encuentra emocionado Elisa. –Si así es luego seguimos con el libro, déjame apreciar este paraíso donde tú vives, se respira santidad, es un paraíso en la tierra, – comentaba Elisa caminando por un callejón pavimentado donde los árboles de un lado se unían con los de otro lado. Y el cantar de los pájaros formando una sinfonía perfecta – ¿Tú crees? –Claro siempre me han gustado los paisajes así –Aquí uno puede olvidar todo ese caos que existe fuera. – ¿Tú crees Elisa que exista países o lugares más felices que otros?–Claro que si mira yo tengo una lista que no me quiero morir sin antes visitarlos, se dice que son los diez países más felices del mundo.
–A ver dime, déjame mencionar otros lugares hermosos y interesantes que quisiera visitar, antes de enumerar mis 10 preferidos, por ejemplo, quisiera viajar a Estados Unidos y visitar Hawái, especialmente Honolulu, rentar helicóptero, comer un plato de poke de remolacha y los famosos tacos de pescado, y rodear la isla,apreciando la hermosura de sus playas con palmeras.

Otro sueño es llegar a New York caminando por Manhattan y visitar el Empire State, el Time Square, La Estatua de la Libertad, El Rockefeller Center, La Estación Gran Central y comer tacos mexicanos en la calle acompañado de un helado y terminar tomando una foto en la gruta que tiene Donald Trump. En la Torre Trump, en el *lobby* de la Torre. Después quisiera viajar en carro desde New York a Colorado y pasar por un túnel que pasa debajo del Mar.

–Qué lindos sueños y llegar a Colorado, he ir a visitar El Gran Cañón y cruzarlo, en una canasta de un lado a otro, observando las cabras correr por los despeñaderos.

Y por último, en este bellísimo país visitar El parque de los árboles grandes en California: Las Secuoyas. Se dice que algunos árboles de estos tienen hasta 500 años. ¿Qué te parece?

–Interesante, a mí me gustaría ver el fenómeno de las mariposas monarcas en Morelia Michoacán, es una experiencia hermosa, además de la ciudad y sus valles, es un lugar de sueños de méxico. Después me gustaría viajar a Roatán donde se encuentra el segundo arrecife más grande del mundo es un lugar paradisiaco.

Y no digamos Río de Janeiro, en Brasil, lo que se me antoja es ver la bahía desde la estatua del cristo. Y sus montañas que sólo se comparan con la película avatar. Y por último Machu Picchu en la cordillera de Los Andes en Perú. Sin duda, esa ciudad de los Incas la energía a las personas, sus espíritus, aún se sienten cuando uno hace acto de presencia. Conocer el mundo de ellos suena muy interesante.

Capítulo 15
La Naturalidad de las Cosas

Un día volaremos juntos a todos esos lugares y otros más. –Bueno sigamos con el caos del egocentrismo. –Listo aquí vamos Elisa, imagina una linda flor, la más hermosa fresca y radiante, que con solo verla toca las cuerdas más frágiles del corazón. Con sus pétalos combinados unos con otros a la perfección. Y si que no me cuesta mucho imaginarla natural y tu me pidieras que la decorara con un poco más de belleza con pintura artificial, que si no se escapara de morir, al aplicarle los químicos, la flor volverá con el tiempo a revestirse de su belleza natural que siempre tuvo antes desde su esencia. Esto sucede con las personas.

Tú y yo ya somos lindos por dentro y nada de lo que se diga o haga cambiará nuestra esencia, al contrario como la flor, tratar de cambiar su apariencia la hace lucir corriente y fea.

La flor ya es bella naturalmente, sólo necesita agua, regarlas, si te has sentido así en algún momento ha sido por falta de agua. Es decir de amor. Tu valor siempre estará dentro de ti aunque sientas que venga de fuera no es así. La voz mundana siempre estará llevando de regreso por miedo a morir.

Aunque puedas engañar con la belleza artificial a las personas el siguiente día estarás nuevamente vacío. En la eterna búsqueda de aprobación por medio de los cumplidos.

El miedo se convierte en negocio

Todo se define a que vivimos humanizados, nuestro inconsciente fue abastecido de información inapropiada. Alguien más puso un gps en nuestra mente para motitoriarnos.

Con la intención que nos mantengamos alejados del buen dominio de las emociones. Y mantenernos llenos de nervios, rabia, impaciencia. Es decir con la mecha corta. Y sin opciones de reflexionar en las dificultades.

Ahora mismo que estoy escribiendo este libro circula una pandemia llamada COVID 19. En pleno desarrollo. Y es sorprendente la cantidad de gente alarmada. Hasta el punto de encerrarse completamente en las casas. Y detrás de todo este telón está el miedo a morir, la gente ama la vida, ama este mundo y se apega a lo temporal. En las tiendas se ha agotado el agua, la comida, productos básicos y sobre todo el papel higiénico que nadie sabía porque la gente compraba papel higiénico más que otra cosa. Entre las mismas personas se esquivan como si se tratara del peor enemigo.

Lo más interesante es que los otros seres que mantienen una sana conversación con su corazón. Y que no está influenciado por las memorias incorrectas. Sonríen recogiendo el dinero ☐ que dejan tirado los emocionalmente débiles. Nuevas compañías surgieron y otras se desarrollaron al máximo nivel. Por otro lado en las redes sociales, artistas componiendo y exponiendo los mejores temas musicales y volviéndose famosos. Gracias a aquellos pollos asustados que observan la televisión. Otros crean nuevas aplicaciones para reuniones virtuales, y no paran de hacer dinero.

Lo más curioso es que estos egoístas que se aferran a la vida terminan llamándose pobres e ignorantes que carecen de dominio propio.

Los débiles emocionales no pueden tener éxito porque el éxito tiene mucho que ver con liderazgo personal y trabajar con la gente. Y de esta manera no se podrá guiar a nadie. Un miedoso no puede guiarse ni así mismo.

Lo único que hará son sus predicciones del fracaso, y evitará ensuciarse las manos en las decisiones de su vida familiar, compañía, pueblo o país. Como para por si acaso algo saliera mal bombardear con frases como: te lo dije pero como tú no me hicisteis caso. Yo sabía que todo iba a salir mal. Pero si todo llegará a salir bien esos mismos se pelearán por levantar la bandera acreditando el mérito a ellos mismos.

Capítulo 16
El origen de la pobreza

Nos han dicho que tenemos que ser buenos. El enfoque de muchos es llegar a lograr aquí en la tierra la perfección, llegar a un punto de no cometer errores en absoluto.

De no lograrlo es lo peor que les puede pasar en la vida, debido a que el mismo subconsciente los derrota, la voz interior que repite una y otra vez lo poco merecedores que son de la vida. De esta manera es cómo comienzan los vicios. Los suicidios y la pobreza simplemente es una manera de pensar.

Por haberse tomado seriamente el papel de juez, descalificándose por sí solo. En este punto se terminan los sueños, de donde emana la vida, o donde toma propósito. El mundo se trata de oportunidades una tras otra. Mientras cometas más errores hay más oportunidades, de manera que el mejor maestro es una vida llena de caídas.

Y sobrepuestas. Los errores son una oportunidad envuelta en papel llamado fracaso. Los campeones son aquellos que superaron las incontables caídas. Por eso el nombre. GANADOR.

A los que no los destruyen las caídas les sirven como herramientas. El ser mientras siga siendo humano seguirá minado de equivocaciones. Esto nos distingue de Dios que es el único que no se equivoca. Intentar ser perfecto es querer quitarle el puesto a Dios. Acertar nuestra naturaleza débil y ser positivo en la adversidad es nuestro trabajo.

En este punto todo lo que se hace tiene como propósito la seguridad de lo correcto. O protegerse de errores o cualquier amenaza al ego.

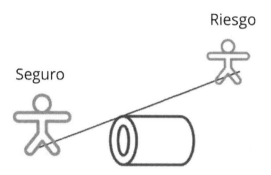

Para no sentirse excluido de la sociedad y sentirse inseguro el ser humano es capaz de hacer cualquier cosa repetida que se convierten en hábitos. Incluso el hábito de aparentar ser correcto.

Y eres la suma de todas tus acciones sin importar que estas estén influenciadas por el miedo.

Una persona así comienza muchos proyectos pero no termina ninguno. Debido a que no saben lo que quieren en la vida por la perturbación de las emociones. Es así que el verdadero problema se encuentra dentro, no afuera. Otro detalle que les suele suceder es que quieren hacer muchas cosas a la misma vez. Haciéndose imposible enfocarse en una sola.

El propósito de la vida es caer en cuenta de lo limitado que somos y llegar a liberarse por su propia cuenta. Y esto requiere impulso tras impulso intento tras intento, y solo a ti y a mí nos compete esa magna tarea. Saberlo ya es bastante y más si sabes que te detiene. ¿Cuáles son tus miedos que te neutralizan?

¿El miedo a equivocarte? ¿A no caer bien? ¿A no ser tan importante ante otros? ¿Miedo al rechazo? ¿Miedo a perderlo todo?

No vivas la vida automáticamente porque lo que necesitamos es hacer las cosas conscientemente de que las estamos haciendo sean correctas o incorrectas y que aun así solo seremos resilientes hasta el final.

Países increíbles y exitosos

Desde un inconsciente manipulado es cómo se origina todo tipo de resultado. Y tiene sentido el origen de la riqueza y la pobreza.

Y tú Elisa ¿qué sueños te gustaría hacer realidad? –Mi sueño más grande como te dije, es viajar y he estado estudiando los países más felices del mundo. En un futuro cercano quiero visitarlos. – ¡Qué interesante!

–Mira Finlandia

Tiene un diseño contemporáneo, excelencia culinaria. Se calcula que es el país más feliz del mundo. Ellos atribuyen su índice de felicidad a su naturaleza. Tienen una red de parques nacionales con rutas bien señalizadas; unos circuitos por los cuales puedes ver algunos animales salvajes en medio de la jungla. Helsinki es la capital, tiene un panorama de buenos diseños y la música no digamos.

El segundo país que quiero visitar es Dinamarca. Este cautiva la imaginación de todo el mundo como panorama de la sociedad civilizada y próspera en muchos frentes. Política progresista urbanismo, sostenibilidad, consolidación familiar diseño y arquitectura. Es un panorama acogedor.

Hygge. Las personas más acogedoras del mundo. Existe un sentido de tranquilidad y alegría en el país y su espíritu igualitario. Sitúa lo mejor del arte, la arquitectura, la gastronomía y el ocio al alcance de todo el mundo.

Bueno en otra ocasión te contaré de los otros países que tengo en mi Lista. Sigue leyendo los próximos capítulos. Que tienen mucho que ver con nuestro pasado. Nos vemos el domingo en plaza Miraflores cerca de la universidad.

–Listo gracias por hacerme soñar en tus visitas.

Capítulo 17
Las memorias

Cada uno cuenta con grandes depósitos de archivos grabados, que son usados en cada momento que sea necesario. Esto explica cada comportamiento de nuestra personalidad. Nuestro modo de ser, de creer y de actuar. En todo esto en lo que nos hemos convertido.

El inconsciente, yo lo comparo con un terreno muy fertilizado que da fruto a todo tipo de semillas en abundancias. Tanto como buenas y malas.

Son estas semillas las que brindan cosecha. Así que si los resultados no son tan gratos necesitamos nuevas semillas.
Y para saber y detectar qué comportamiento nos trae pobreza y hay que dudar de todo lo que hemos aprendido y creído como algo cierto o verdad absoluta.
Solo así podremos estar abiertos y germinando nuevas plantaciones en nuestro jardín así que cuidado con seguir protegiendo a toda costa árboles infructuosos que a la larga sólo producirán espinas. Tomando muy en cuenta que los cambios no sean de la

noche a la mañana. Destruir el árbol es como destruirse a uno mismo. El yo falso. Eso duele. Desilusión Destruir lo que siempre habíamos creído. Renovación completa. Sólo detectar el árbol malo lleva tiempo y mucho tiempo. Basta con ser flexibles y no nos aferramos a nuestras creencias.

De qué manera te aferras

Cuando trabajaba en una compañía de remodelación de casas en una ocasión llegó una señora y nos preguntó si la dejamos entrar de nuevo a su antiguo hogar.
Al entrar a la casa su mirada se perdió en el tiempo, la vi viajar lejos, al verla suspirar profundo. No sé cuántas experiencias y qué tipo de recuerdos pasaron por su mente. Nació y creció hasta adulta en esa casa, confesó y que ahora Lucia completamente diferente. Como dije nunca pensé que podía remodelarla de esta manera tan linda como ustedes lo estás haciendo. Al salir volteando a ver hacia otro lado dijo: Tuve tantas memorias en este hogar, me recuerda a mi padre y a mi esposo que ya no están, luego se marchó.

Sin duda hay lugares y personas y momentos que han marcado nuestra existencia y cambiarlas Significa olvidarlas, nacer otra vez,

Ser otra persona, ser un completo desconocido. Es dejar de ser lo que ha sido hasta ahora, ¿Cómo se le puede decir a una persona que sueñe en grande? ¿Si en su subconsciente sólo tienen árboles espinosos o experiencias malas? ¿Cómo se le puede decir a una persona que cambie de actitud? ¿No sería mejor decirle que renueve su memoria del inconsciente?

Algunas memorias sin duda son heridas que al pasar del tiempo no han sido sanadas, estas personas disfrutan de seguir manteniendo viva la herida en grande. Otras memorias no se olvidan por lo gratas que se fueron.

Tú y yo nos hemos convertido en nuestras experiencias. Somos fruto de las memorias. Si me preguntas porqué será que doy vueltas y vueltas y sigo en el mismo lugar, me hago viejo luchando y no tengo éxito. Simple y sencillamente es porque estoy encerrado en esa burbuja. En el lenguaje de Jesús diría que necesitas nacer de nuevo. Poniéndole más imaginación el comentario de Jesús sería que cuando naciste no tenías miedo. Así es como nace de nuevo llenarte de valor. La pobreza es sinónimo de cobardía. La vieja naturaleza de un viejo hombre que se niega a dejar el pasado, a lo placentero como apego, al dinero cuando lo que se tiene que hacer es soltarlo. El pobre no piensa en otra cosa que no sea el dinero. Por miedo a sufrir. Y la ansiedad de no tenerlo,

Explora tu pasado

Yo siempre pensé que cuando creciera le ayudaría a mis papás con dinero para ya no verlos pelear. Fue lo que me propuse desde niño cuando vi a mi papá y a mi mamá pelear por un préstamo que no podían pagar al banco de tan sólo 1,000 Lempiras. El objetivo era sentir que teníamos un hogar lleno de paz. Frecuentemente me entrometía en sus pláticas para tratar de ofrecer una solución, y mirarlos felices, pero lo que lograba era empeorar la situación. Fui logrando que mi papá dirigiera la atención hacia mí de una manera equivocada y me llenara de calificativos. Cómo eres metido eres cabeza de clavo, eres cerebro de gallina. Después de tantas metidas de pata que hice fui perdiendo la energía o autoestima y nacieran muchos miedos. Sentía que el opinar iba a lastimar a los demás. Y que era mejor quedarse callado. Mi papá era muy duro en la casa. Mi hermano me comentaba en una ocasión que era más fácil vivir en la calle que en la casa. Sin duda era completamente un batallón en formación. Él tomaba poco pero cuando lo hacía infundía el pánico en toda la familia, y si era posible en toda la aldea. En esos caseríos siempre castigan a las personas cada vez que hacen las cosas mal hechas. Ya no tenía que haber margen de error eso me llevó a tener o actuar con inseguridad en la escuela. Aún recuerdo cuando mi maestra me castigó con una vara hasta hacerme tirar por el suelo junto a los pies de los compañeros, y especialmente de las niñas que me veían llorar. Eso no se lo dije a mi papá para no ser castigado nuevamente. Todo fue porque me daba pena pasar enfrente a cantar. Por miedo a hacer el ridículo. O equivocarme. Debo aceptar que el canto no era lo mío y pues no quería sentirme obligado a pasar la materia hora o que me gustara a la fuerza. No era rebeldía pero creo que desde pequeño nunca me sentí cómodo ser obligado. Bueno a nadie le encanta eso pero muchos hacen caso.

Esto lo estoy contando para que tú repases también tu pasado y recuerdes cada incidente que influyó en los resultados de hoy en día. Mi mamá siempre influyó en mí y un consejo que siempre repetía: No entres en disputa con nadie mucho menos por dinero es mejor que se lleve hasta lo tuyo a perder un amigo. Lo material se va quedar aquí nunca lo podremos llevar

Esto puede llevar a uno a que cada vez que hagas un trato salgas perdiendo. Tanto así que nos quedamos en la calle y nos tocó emigrar a Estados Unidos. Recuerdo haberme puesto mi primer par de zapatos cuando tenía 12 años y fue por obligación por la fiesta de independencia en mi país. Lo triste fue que al romperse los zapatos tuve que pedir prestado los zapatos de mi cuñado para seguir en la secundaria. Aún recuerdo también los cuadernos usados que aún le quedaban páginas limpias, que mi hermana recopiló de un amigo. La historia de cada uno tiene que ver con nuestros sueños. y en esas historias están basados nuestros sueños.

Un día mi mamá me llevó al pueblo donde ella iba a recibir un taller y a mí me tocó convivir con 30 niños desconocidos. Las Hermanitas trajeron muchos juguetes, pero una niña un poco más grande no me dejó tomar ni un juguete y me excluyó del grupo, alejó a todos de mí y les prohibió que jugara conmigo todo el día. Por mi timidez no me quedaba de otra que desde ahí aprendí a quedarme lejos de los grupos siempre anduve solo. Tal vez sólo con un amigo: pero me hacía difícil asociarme con las personas. Cuándo quise tener novia no tenía valor para hablarles, me temblaban las rodillas, como que iba pasando por una cuerda. Recuerdo una vez que me esforcé mucho para decirle que yo quería con ella o que fuera mi novia, había platicado muchas veces solo pero lo que me respondió me dejó tirado al suelo.

Ella dijo yo solo ando con chicos que tienen carros, Y tú andas en una bicicleta prestada. Tal vez calculé mal a la persona. Estaba aprendiendo. Pero ¿Por qué el dinero influye en los amigos o en la familia? Si tienes dinero te sobran amigos. Después me perdí de amistades Personas buenas, por el miedo de qué me fueran a rechazar.

En la iglesia me enseñaron que ser rico no es bueno, y no llegarán al cielo. Que el dinero siempre me iba a traer problemas. Cuando era adolescente odiaba las clases sociales porque me hacían sentir menos. Siendo mi prototipo favorito el Che Guevara. Echa un vistazo a tu pasado y ahí encontrarás lo que te detiene en todas las áreas. Si sientes que Dios no te escucha es por lo dañado que está el subconsciente, no tienes fe. Tu fe te ha salvado, dice Jesús. *No tengas miedo dice Dios En toda la Biblia de principio a fin, esa es su palabra favorita.*

Diciéndolo con otras palabras: Tu subconsciente limpio te ha salvado por tanto quedas limpio. Esto mismo lo que impide tener éxito impide en la relaciones en la empresa en las metas en todo necesitamos una transformación.

Capítulo 18
Seguro rápido y fácil

Vive mejor el proceso

Las cinco debilidades y también ventajas del cuerpo son los sentidos y por medio de ellos experimentamos tentaciones fuertes en todo momento. Ventajas, porque si no las tendríamos que enfrentar tampoco podríamos pasar al siguiente nivel. El sentido que afecta más al hombre o a los pensamientos son los ojos, y el que afecta más a la mujer o al sentimientos son los oídos o la escucha. La mente llega a creer todo lo que mira y escucha, de manera que las palabras que pronuncias aceleran el corazón o los sentimientos y modifican tu espíritu. Y las impresiones físicas que ves, modifican la mente y el alma. Enfocan el foco del alma hacia una dirección

Seguro rápido y fácil

Por la sensación de los cinco sentidos y el fuerte poder de las memorias, hay un alto grado de tendencia a optar por lo rápido y fácil. Como ser humano sabemos que en algún momento, de dificultad acudimos desesperadamente a Dios, con la intención de que no respondiera en el mismo instante tal como lo hace una pastilla para el dolor de cabeza. Y para terminar de arreglar, queremos hacer la oración de 30 segundos, es una tarea cansada y complicada permanecer una hora enfocado en la comunicación con Dios. Creo que la era de la información resalta mucho estos casos. A los jóvenes de hoy les parece aburrido todo. Y en lugar de tomarse el trabajo de descubrir su sueño o su pasión prefiere motivarse, y producir adrenalina por medio de la droga. El alcohol el sexo por lo mismo, basta con esperar un minuto o cinco para recibir los efectos.

Si pudiéramos tener lo mismo en un día: ¿por qué tengo que esperar cuatro años? Porque en cuatro años tendrás una esposa, ayuda idónea de Dios y un solo día lo único que vas a obtener es una aventura pasajera y un problema. Al final sale más caro.

Al igual que la comida en el microondas debido al calor provocado por energías positivas y negativas. Quién sabe qué efectos puede ocasionar en el estómago, tal como los restaurantes de comida rápida.
Rápido es sinónimo de barato, amar sólo a los que te aman se compara con lo fácil hasta los malos pueden hacer esto.

No tener un propósito ni tampoco un trabajo y dormir hasta tarde. Es fácil. Igual que comer hasta reventar, y hacer ejercicio una vez al mes, eso también es fácil. Pelear cuando alguien te ofende no es difícil, trabajar para recibir un cheque o $200 Cash al final del día es seguro y también es fácil, mandar a los subordinados es lo más fácil del mundo. Robar, y envidiar todo esto puede hacerse en un segundo.

¿Y cuál es el resultado de los seguros rápido y fácil? Que las personas no tienen desarrollar la capacidad para luchar, aunque tenga la intención de hacerlo, no podrá porque esto es un hábito que debe adquirir como. Levantar pesas que si no tienes los músculos adecuados no podrás levantar 200 libras en el primer intento.

Por la costumbre de vivir con la memoria a corto plazo, y con el mínimo esfuerzo, las metas quedan abandonadas a la mitad del camino.

Cuando la recompensa tarda hay desilusión y más si los resultados generosos se pronostican para 20 años después.

Definitivamente el que espera eso, es que tiene desarrollada la inteligencia emocional. Muchos prefieren cortar los aguacates tiernos y si fuera posible mejor comprarlos. Otros deciden mejor producirlo así toque que esperar cinco años. La diferencia está en el dominio interno la capacidad de esperar sin perder la fe. Todo tiene su tiempo, es un principio universal, no se puede manipular la naturaleza, un niño nace en nueve meses, eso tarda para formar todos los órganos, no hay método para acelerar y tenerlo en cinco meses.

Tampoco se puede hacer un pollo en tres minutos poniéndole todo el calor posible, sólo se quemaría. Pero por dentro seguiría crudo. Hay cosas que se pueden cambiar, cambiando uno mismo que sin duda no es fácil. El humano tiene que seguir los procesos.

El PROCESO DEL ÉXITO

1 esencia del ser

2. el pasado la creencia

3 los pensamientos

4 los sentimientos asentados = EGO

5 Actitud egoísta. Apego
Placer
Confort
Gratificación

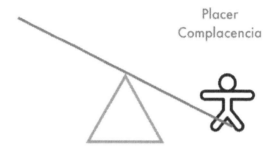

Placer
Complacencia

Cuando nuestros sentimientos están asentados producen un suficiente ego enorme y esto el resultado es una actitud egoísta, apego placer confort gratificación. Ausencia de pensamientos lógicos sin razón, descontrol total en el momento de tomar las decisiones. Cuando dominan los sentimientos el hombre o mujer se vuelven vulnerables y lo pueden perder todo. O sentirse ofendidos por nada. No hay discernimiento

Esencia del ser

El ser inteligente a nivel de las emociones, hace lo correcto, cada mañana, no está esperando un toque de suerte. Enfrenta con responsabilidad cada día. El sabe que la ventaja las toma cada momento, que pone un esfuerzo extra. Tampoco un campeón como este no conoce las excusas, jamás está esperando que alguien le regale algo, decidido. que tiene la costumbre de pagar un precio por cada recompensa.
Y lo paga antes, no lo paga después. Nunca regatea el precio de lo bueno. conoce muy bien que lo que está en oferta normalmente no está en el camino del éxito, porque es sinónimo de lo fácil. Tal como el boxeador gana la pelea antes que pelee, asimismo se gana la transformación. Todo comienza cuando la

persona se niega a ser manejado al antojo del ego haciendo lo ordinario. Ese personaje caprichoso humano que se encuentra en uno, comenzará a morir irá cambiando de forma de manera progresiva. Hasta el punto de volverse consciente de cada palabra que sale de la boca.

Y esa misma parte que todo el tiempo se la pasó pensando en sí mismo, por miedo y dolor, ahora pasa a recibir otro nombre llamado genio mágico. Lleno de valor y entrega. Despertó el gigante que hay en ti. Tu espíritu volvió a ser. Si no hay dolor no hay transformación.

Es mejor no ser superdotado de inteligencia, pero sí saber dominarse a sí mismo. La inteligencia es de humanos, el dominio propio es espiritual. Viene de Dios está en el mundo de Dios. es mejor ser paciente qué desesperado es mejor ser humilde qué arrogante, es mejor ser positivo que estar lleno de miedo y negativismo, es mejor pensar en servir al prójimo que pensar en el bienestar personal.

La pobreza es un hábito

La pobreza es un hábito que se practica todos los días inconscientemente. Y se adquiere por medio del entorno social, la escuela, la iglesia, los amigos y las generaciones pasadas. La riqueza y la pobreza es la manera cómo hacemos las cosas. Lo excelente que eres para barrer y lo entregado a dicho servicio. De esta misma manera serán todas las cosas y asimismo serán los resultados. No hay engaño.

Es aquí como inician las mejores marcas, la persona es una marca, que se identifica con tu apellido, sea buena o media buena no deja de ser una marca. ¿Qué marca eres y qué marca te gustaría ser? Porque si se puede mejorar. Apple es nada más ni nada menos que una representación de Steve Jobs.

Que la heredó de su padre adoptivo. La mala marca nunca sobresalen, porque no tienen base interna ni se derivan de Dios.

Creencias

En la tierra todo es relativo y dualista lo que hoy creemos como verdad puede que cambie por el espacio y el tiempo, es decir en otro lado o en un año todo puede haber cambiado. Por ejemplo antes se creía que la tierra era plana o que el sol era el que rodeaba alrededor de la tierra pero cambió posteriormente.

Ahora cuáles son las creencias que tenemos acerca del dinero, acerca de Dios incluso de sí mismo. Sinceramente, ¿qué crees acerca del dinero? ¿Por qué será que a algunas personas el dinero las aleja de Dios? Por su creencia sin duda, y, ¿por qué será que otras simulan amar a Dios sólo a Dios y no quieren tener nada que ver con el dinero pero irónicamente se pasan toda la vida persiguiéndolo? Levantarse a las cinco de la mañana, regresando tarde. En mi simple opinión, si amas a Dios es necesario conocer muy bien el juego del dinero, para no caer en la trampa. El que huye del dinero y se rehúsa a conocerlo desprecia a Dios. Porque la mejor forma de seguirlo es conociendo conscientemente y de la misma forma dominar la riqueza.

¿Qué crees acerca de Dios?

¿Qué existe o que no existe? ¿Que castiga o que no castiga o un Dios perdonador? ¿Que ama a la pobreza o a la abundancia? ¿Qué crees de ti mismo? ¿Eres lindo o feo eres inteligente o soñador? ¿Puedes o no puedes?
Si te abres a estas opciones de preguntarte vas a tener más oportunidades de un cambio. Por qué es probable que si tienes una idea equivocada en lo que Dios es, tú mismo te estás deteniendo.

Todas las creencias sin duda marcarán la calidad de los pensamientos. Si has escuchado a alguien discutiendo quién tiene la verdad, ¿y quién está equivocado? En verdad nadie está equivocado porque sólo habla dependiendo de lo que ha creído. No coinciden porque ambos tienen historias diferentes. Por otro lado los dos están equivocados porque la verdad sólo Dios la tiene y nadie del ser humano, a no ser que esté ligado a Dios.

Los sentimientos son los que nos verifican que estamos vivos, que existimos con un cuerpo. Son nuestros sensores aquí en la tierra. Esto nos puede hacer llegar a sentir el mejor ser humano aquí en la tierra y si no manejamos bien los pensamientos no pueden llegar a ser sentir los peores ser humanos aquí en la tierra.

Actitudes

No se puede tener una vida positiva con una mente negativa"
Joyce Meyer

Hay que mantener la coherencia en la manera de pensar y en los objetivos que se tienen.

No se le puede pedir a una persona que cambie su actitud, cuando lo que necesita es que alguien crea en ella, debido a su pasado que la aprisiona. Si esta misma persona se esforzará en sonreír le costaría mucho trabajo y no sería auténtica. Una persona con mala actitud es aquella insatisfecha porque su ego no tiene *llenadera* y nunca la tendrá *si no cambia su ser*.

Efectos del ego

Miedo al pasado, heridas que aún siguen doliendo, por cosas que nos hicieron o hicimos o dejamos de hacer, a alguien más. Miedo al presente por la inseguridad y el temor a cometer errores, que nos pueden costar un alto precio, miedo al futuro, fabricando películas en la mente, de posibles resultados, normalmente negativos, debido a que aún no han sucedido.

Todo esto termina costando una pérdida de energía. Miedo al cambio. A este sí que todo el mundo le teme, hay que estar dispuesto a todo, algunos pueden hacer cambio de religión de partido político de equipo de fútbol, de personalidad. Miedo a las personas, por caerles bien o mal.

Placeres

Gratificación inmediata, olvidando la misión que dura toda la cantidad de años que vivamos en la tierra, no sólo momentos cortos.

Como decía un santo la necesidad de comer es la primera que se debe dominar, de ella se desprenden muchos de otros deseos. Rencor, la avaricia.

La avaricia sobrepasa los límites hasta el punto de no sólo desear bienes materiales sino todo lo que otro posee.

Capítulo 19
Lo fascinante de la mente, el corazón y el propósito

"El encuentro entre dos personas es como el contacto entre dos sustancias químicas: si se produce una reacción, las dos se transforman."

Si hablamos de las mujeres tenemos que hacerlo desde el corazón. Ellas primero sienten y enseguida piensan como lo hacen los artistas y así debería ser. De allí nacen los más tiernos y sinceros sentimientos, sólo como pequeños cimientos de amor. Tienes que desarrollar el sentido de la intuición, de manera que puedas predecir las cosas no sólo desde la razón sino mejor desde los cinco sentidos. Ellas puedan con facilidad ver respirar escuchar y tocar el éxito en el futuro. La mujer siente la palabra no las piensa, la mujer viaja del humano y termina en lo espiritual, y con su belleza en su viaje

Captura al hombre en el mundo espiritual y lo trae al mundo terrenal. Mientras el hombre piensa y después siente, por esta razón es comparado con una máquina. Donde se deja llevar muchas veces por lo exterior. Ambos al complementarse forman la unión con Dios.

Es esta misma relación que cada uno necesita, casar su mente con el corazón y mantener la armonía.

De esta manera se logra el dominio propio. Mientras el corazón se emociona en la mente lo conduce, mientras la mente lo ve todo imposible, el corazón cruza los límites, ese es el secreto del éxito y de la inteligencia emocional o dominio propio.

No te juzgues

En este primer paso, de las emociones o el falso yo, tiene mucho que ver con equivocarse, como para que automáticamente busques trascender. El único camino para llegar al mundo infinito es saber que estás equivocándome diariamente.

De esta manera es que lo menos que debemos hacer es juzgarnos a nosotros mismos. Este paso nos deja claro que siempre estaremos necesitando de un ser más perfecto. No te culpes porque nada te salga bien, que no fuiste tú quien falló, sólo fue tu falso yo tu máscara lo que tú creíste que eras, o lo que los demás te hicieron creer que eras.

Si en algún momento sientes necesidad de Dios es porque aún no estás unido a él. Permaneces equivocándose humanamente. Es bueno reconocer los errores porque esto nos diferencia de Dios.

Aún te preocupa tener una vida perfecta, que asusta cometer errores, te asusta pensar en la muerte y salvar tu vida. Al hacer un estudio y comprender, pequeños detalles que no concuerdan con la lógica. Se nos hará más fácil encontrar el propósito, para lo que hemos nacido. Que nada de esto te asuste tómalo como algo normal tómalo como un camino para encontrar tu misión en la vida

Cómo se encuentra el propósito

El propósito se encuentra viviendo la vida conscientemente. Intensamente cada instante, de cada día, al observar conscientemente todos los detalles del mundo y lo que le hace falta que nadie más lo está ofreciendo y que tú lo puedes ofrecer. Y tú al ofrecerlo lo harías mejor que todos los demás, tal vez tenga que ver con tus experiencias únicas cosas que te causaron sufrimiento y que no quieres que esto le pase a alguien más. Y que al ofrecerlas llenas el vacío de tu vida. Así te sentirás lleno de Dios. Satisfecho, por cumplir tu propósito.

Encontrar el propósito tiene que ver con leer los mensajes detrás de cada experiencia. Por una razón tuvieron que haber sucedido, y siempre te estarán impulsando a la acción, recuerda que si no hay acción no habrá tranquilidad.

Tú eres la persona indicada para echar a andar estos proyectos, para crear una corriente como una marca personal. Vivir con propósito es escribir tu propio guión y vivirlo. Cuando uno dice a otra persona lo hiciste a propósito lo que quiere decir lo planeaste desde antes, tenías fríamente calculado el objetivo de tu vida. Todo cambia al encontrar una misión nada es fácil pero se vuelve divertido.

Empatía

La persona empática siente en carne propia el dolor ajeno y comprende perfectamente bien lo que a la otra persona le está sucediendo. Cuando no hay empatía suceden cosas malas por ejemplo asesinatos, robos etc. El líder es líder porque superó el miedo y el placer y se atrevió a traspasar los sentimientos de otros a él. Sólo de esta manera se puede ayudar energéticamente a los demás.

Actitud de establecer relaciones

Cuando hay autenticidad en el ser también hay autenticidad en las relaciones. Cuando tiene buenos amigos y tiene una mente maestra las relaciones son las más importantes. Todo empresario debe contar con esa habilidad o al menos desarrollarla. Sanar heridas ayudará a crear más amistades sanas, dicen que todo el mundo quiere estar con una persona feliz. Porque ella funciona como un cargador de energía.

Capacidad de solucionar conflictos

Tengo un amigo que sólo con verlo, elimina todas las tristezas, hace parecer fácil la vida. Tiene esa capacidad de dibujar películas divertidas en la mente. Compara los problemas con historias chistosas, de manera que con un chiste puede relajar y por lo mismo desestimar el proceso de una empresa o de un país o de una persona.

Qué valiosas son estas personas para este mundo lleno de neurosis, cuánta más de esta gente necesitamos. Con ellas se evitaron muchas guerras.

Estudio del entorno social

Cómo sabemos tenemos cuatro tipos de personalidades. Sanguíneo, melancólico,

colérico, y flemático. Cada líder conoce instantáneamente cuáles son y cómo las puede organizar para tener un mejor desempeño.
Elegir los mejores prototipos y acomodarlos en el lugar donde se sientan mejor de acuerdo a sus talentos y sus personalidades.

El cambio

Renuncia a todos los antojos innecesarios que en el fondo son caprichos del ego. Enfrentando el miedo y dejar que el dolor se encargue de purificarte. En estos momentos el ser humano comienza a morir, y a cambiar poco a poco de color y de forma gradualmente. Mientras más se niegue a hacer lo fácil más cerca de encontrarse con la libertad, hasta llegar al punto de convertirse en alguien energético y positivo soñador. Es decir genio. Gracias al amor, Que lo sacrifica todo
Al final nos damos cuenta que el ego es una ilusión, ya sólo soy yo unido con Dios.

Capítulo 20
Sometiendo las emociones

Qué bueno que viniste y me da gusto volverte a ver –dijo Elisa.

–Al contrario el gusto es mío, Elisa. – ¿Te gustaría comer algo? Por aquí en esta plaza se encuentra una sala grande donde están todos los restaurantes y ahí todo tipo de comidas.

–Claro, vamos pero no hace falta comprar porque yo traje comida hecha. Mi mamá me dijo que te trajera unas empanadas de frijoles. El muchacho que venía conmigo me ayudaba a traerlas porque ya no podía ni con mis cuadernos. Yo pensé que él era tu novio. No, cómo crees, estoy muy joven para esas cosas sólo tengo 18 años, simulando una sonrisa inocente.

–Bueno, si quieres Elisa compramos comida y me llevo las empanadas, porque la verdad es que hay tanta gente aquí y la mayoría son jóvenes. –Prosiguió el seminarista–, imagínate que van a pensar, cuando nos vean comiendo tortilla hecha en casa aquí. En pleno *Mall,* un lugar *fashion,*mira las lindas fachadas y el brillo de los pisos

–Ay muchacho como se te ve que te ha costado entender el libro.

–Para serte sincero creo que se nos van a quedar viendo mucho, yo soy tímido no quiero ser el centro de atención.

–Tú come y olvida que hay gente a tu alrededor Elisa ya sacando la manta llena de tortillas gordas llena de frijoles y poniéndola en la mesa. Mientras el seminarista cambiaba de colores al tomar sus respectivas gorditas. Mientras Elisa comía como en casa.

– ¿Y cuéntame cómo te ha parecido el libro?

–Excelente libro, lo último que aprendí es que para tener éxito en todo siempre hay que saber esperar. Pensar siempre a largo plazo y la transformación tiene que ser un proceso lento de lo contrario no sería verdadera.

Por eso hay que respetar los tiempos. La música es un buen ejemplo de eso; el compás tiene que ver con los tiempos. Y también acostumbrarnos a ganarnos las cosas. Eliminar de raíz ese hábito de pedir y de recibir cosas regaladas, es una fórmula equivocada. Ojalá que eso no abarque la iglesia ja, ja, ja, ja.

Otro punto que me llamó la atención es que la pobreza es la persona misma y sus hábitos. Que para ser rico lo único que tienes que hacer es cambiar de persona, en si la persona que se ha creído que es; es la pobre. Dejar hábitos viejos e incluso algunas personas. De manera que la persona representa una marca rica o pobre. Y lo más interesante es que esa transformación de persona es para ser mejor. En otras palabras lleva todas de ganar en tu familia iglesias y empresas. El libro me ha encantado, por eso me atreví a comer tortillas porque estoy venciendo mi ego. Aunque aquella chica me sonríe mucho

–Ni le respondas que tiene frijoles en los dientes ja, ja, ja, ja, –dijo Elisa.

–Al final también me encantó la relación del hombre y la mujer, mente y corazón, para conversar con Dios.

–Así es podremos encontrar el propósito de vivir ahí se encierra todo Elisa. Cuando hay una misión clara todo lo demás cae como del cielo. En mi opinión equivocarse lo llevamos tatuado en la naturaleza, siempre estaremos aprendiendo, la actitud que debemos tomar es levantarnos y esperar la próxima caída y la próxima sin desanimarnos. De lo contrario estaremos autodestruyéndonos. Ni al propio Dios le molesta tus errores, más bien los utiliza para llevarte un mensaje y amarte.

La inteligencia emocional nos deja muchas ventajas por eso nunca dejes de ejecutar proyectos, la práctica es la clave.

Ahora Elisa llévame a soñar con los demás países de tu lista más lindos y felices del mundo, que no dudo que su felicidad depende de la tranquilidad que genera la inteligencia emocional.

–Claro que si tú sabes que me encanta hablar de viajar y de soñar. Hoy te platicaré de tres países y el primero es Noruega.

Noruega

En invierno se puede disfrutar del conmovedor espectáculo de las auroras boreales. Por el contrario, la sempiterna belleza natural de Noruega está en su vibrante vida cultural.

Es uno de los destinos más fascinantes de Europa, con el turismo de aventura más variado del continente. Si bien alguna de las actividades está dirigida al público joven energético e intrépido la mayoría de ellas puede disfrutarse con un nivel de forma razonable.

–Me encanta que los jóvenes se diviertan sanamente, ¿no crees? Claro me gustaría ir a Noruega para ver el espectáculo de la aurora boreal.

Bueno pues.

Islandia

El siguiente país es Islandia. Éste encanta mucho porque se dan algunas concentraciones de soñadores a nivel de todo el mundo artistas, actores, músicos inspirados por el entorno. El soberbio esplendor de Islandia parece ideado para recordar a los visitantes su insignificancia en el mundo y funciona de un poco de aire puro y un vistazo a paisajes de películas. Por otro lado, la vida cultural de Islandia ofrece un legado literario que se extiende desde las saunas medievales hasta los Thrillers contemporáneos, pasando por ganadores del premio Nobel.

Wow me vi concentrándome como soñador en esos paisajes de Islandia.

Países Bajos

Desplazarse en bicicleta es uno de los grandes placeres de la vida, Nueva Irlanda es un país que valora la socialización, y la conversación por encima del beber. Los cafés son algunos para la contemplación tranquila y a cualquier hora. Una imagen preciosa que emana felicidad es el bello arcoíris de Crocus, narcisos, jacintos y tulipanes. Los que florecen cada año entre marzo y mayo son famosos por sus obras maestras de arte. Sus molinos de viento con siglos de historia y románticos cafés.

–Definitivamente son países maravillosos. Qué te parece si vemos una película. Hay una linda que se llama en busca de la felicidad. La vemos y luego la siguiente cita la hacemos en el seminario. ¿Qué te parece?

–Excelente Gracias por las empanadas estaban muy buenas Elisa

Qué hay detrás de la muerte

Resumiendo

Si el grano de trigo no muere en la tierra es imposible que dé fruto. Sacrificar la vida si queremos ver florecer nuevas generaciones. Dejar atrás la vieja naturaleza, para nacer de nuevo, pero el cuerpo siempre se negara a morir nunca se rinde. En todo momento estará agarrándose de algo para sobrevivir. Es un instinto que traemos los seres humanos. Con sólo imaginar que un día nos llevan en el ataúd nos causa escalofríos. Porque según él yo Falso, vivir es lo más lindo sin saber que hay detrás de la muerte. La vieja naturaleza es morir sin ser enterrado, y participar del mundo invisible que nos espera en el futuro. El mundo de las ideas y la energía. Donde nadie muere ni envejece ni sufre de enfermedades. Siempre que suene el centinela en tu cabeza oh la vocecita recuerda que ese no eres tú, siempre que sientes que te gusta algo o que no te gusta, ese tampoco eres tú. Sólo es al que te has convertido, los entornos, la información grabada en tu subconsciente será siempre la que hablará por ti. La siguiente parábola es El mejor ejemplo de alguien que se dejó manejar por el egocentrismo, terminaré este capítulo con esta ilustración.

La parábola del hijo pródigo

Un hombre tenía dos hijos. El hijo menor le dijo a su padre, quiero la parte de mi herencia ahora antes que muera. Entonces el padre accedió a dividir sus bienes entre sus dos hijos. Pocos días después el hijo menor empacó sus pertenencias y se mudó a una tierra distante donde tenía todo su dinero en una vida desenfrenada. Al mismo tiempo que se le acabó el dinero hubo gran hambruna en todo el país y él comenzó a morirse de hambre. Convenció a un agricultor local que lo contratara. El hombre lo envió al campo para que diera de comer a sus cerdos. El Hombre llegó a tener tanta hambre que hasta las algarrobas con las que alimentar a los cerdos, le parecían buenas para comer pero nadie le dio nada Lucas 15 17 el 32.

Tú y yo estamos detrás de esa vida llena de deseos detrás de esa máscara, estamos detrás de la muerte. Para saber quién eres tú necesitas morir y nacer de nuevo.

En resumen

En resumen la primera parte es: hacer un sondeo profundo del funcionamiento del ser humano, las limitaciones que nos enfrentamos día a día. A sentido de práctica prueba y error. Y saber en qué campo nos estamos jugando la vida.

Parte 2

Los pensamientos
¿Quién soy?

Quien realmente soy yo

Finalmente cuando entro en <u>razón</u> dijo así mismo, en casa hasta los jornaleros tienen comida de sobra y aquí yo muriéndome de hambre, volveré a casa de mi padre y le diré: padre he pecado contra el cielo y contra ti, ya no soy digno de que me llamen tu hijo, te ruego que me contrates como un jornalero. Cuando todavía estaba lejos su padre lo vio llegar. Lleno de amor y de compasión corrió hacia su hijo lo abrazó Y lo besó, Su hijo le dijo padre he pecado contra el cielo y contra ti ya no soy digno de que me llames tu hijo. Sin embargo su padre dijo a sus sirvientes: rápido traigan la mejor túnica que haya, en la casa y vista no consigan un anillo para su dedo y sandalias para sus pies. Maten el ternero que hemos engordado. Tenemos que celebrar con un banquete, porque este hijo mío estaba muerto y ahora ha vuelto a la vida, estaba perdido y ahora ha sido encontrado, entonces comenzó la fiesta.

Mientras tanto el hijo mayor estaba trabajando en el campo. Cuando regresó oyó el sonido de música y baile en la casa y preguntó a uno de los sirvientes que pasaba. Tu hermano ha vuelto _le dijo y tu padre mató El ternero engordado, celebremos porque llegó a salvo. El hermano mayor se enojó y no quiso entrar y su padre salió y le suplicó que entrara pero él respondió. Todos estos años he trabajado para ti como un burro y nunca me negué hacer nada de lo que me pediste. En todo ese tiempo no me diste un cabrito para festejar con mis amigos, sin embargo cuando el hijo tuyo regresa después de haber derrochado tu dinero en prostitutas, matas el ternero engordado para celebrar. Su padre le dijo: mira querido hijo tú siempre has estado a mi lado y todo lo que tengo es tuyo. Teníamos que celebrar este día feliz. Pues tu hermano estaba muerto ya vuelto a la vida, estaba perdido y ahora ha sido encontrado.

Lucas 15 17–32

Capítulo 21
Tu súper poder

La mente o la razón es la que diferencia el hombre de los animales. Y nos da la ventaja para ser mejores, y tomar decisiones importantes. Como también hacer pausas en algún momento y lo mismo para tomar diferentes direcciones, Si en algún momento resulta ir equivocado. Con la mente también podemos acelerar en el camino si se considera necesario. En si la mente

Es el mejor regalo que Dios nos ha dado, debido a que nos da la opción de ser nosotros mismos, de ponerle el toque del sabor personal a nuestra existencia. El toque de lo distinto. A esto se le llama el libre albedrío. Con ella se decide entre ser bueno o malo, ordinario o extraordinario, eficiente o mediocre. Entonces ¿quién eres tú? ¿el bueno o el malo o el que decide cuál de los dos? ¿O el que se distingue el uno del otro? Esta pregunta es una de las más importantes que necesitamos responder. Casi te puedo asegurar que vinimos a este mundo a muchas cosas importantes y una de ellas es encontrar esa respuesta a la pregunta ¿quién soy? como por ser considerada la más importante y la puerta al éxito y a un mundo diferente que antes no fue posible ser detectado

La mente es un reproductor de ideas infinita. Ideas que pueden ser transformadas a soluciones, que generan energía, y por lo tanto todo tipo de riqueza, es decir tenemos el mejor activo con nosotros, tú eres la empresa., tú eres una montaña repleta de fortuna. Por eso es necesario entrenarla. Un ser que no se prepara constantemente se está perdiendo un tesoro invaluable.

Resulta también que cuando se trata de manejarla, debido a tanta perturbación como del pasado y también del presente y de posibles sucesos en el futuro, es complicada. La mente toma todo lo que se le da por medio de los sentidos. No rechaza nada, es como un niño inocente que acoge todo. Al permanecer infectada se convierte en la trampa más grande del mundo que te puede resultar catastrófico.
Y lo más interesante que una mente dañada es una mente donde Dios no puede entrar y actuar, tal vez sí, pero lo que quiero decir es qué Dios respeta tu decisión y tu independencia. Él no se metería en tu vida si tú no se lo permitieras. Si no lo invitas. En una mente así no se puede hacer milagros, no existen los milagros. Cuando alguien se

hace esta pregunta: ¿Por qué Dios no me escucha? Simplemente es por una mente llena de desperdicios o en mal estado.

Por eso la urgencia de reparar la autoestima, por qué nos beneficiamos de mil maneras. En primer lugar ampliaremos el campo de Dios, porque la fe crece y todo es posible para el que tiene fe. El campo donde Dios se juega, se amplía en tu subconsciente, en términos menores podrías asegurar que tu Dios personal es tan grande como tu autoestima que se resume a creencia. O de la cantidad de buena semilla que se Almacenan en tu subconsciente.

Te has dado cuenta de un detalle que en todas las intervenciones que hace Dios en la Biblia, cuando habla con un ser humano nunca le fallan las siguientes palabras: no tengas miedo. Dicho de otra manera sería, ten valor, nunca descuides tu autoestima. Sé valiente sé tú mismo. Dios no trabaja con miedosos, con personas que no cuidan un alimento bueno de la mente y se le va la autoestima.

Puede ser cualquier cosa, es decir un nudo de miedo, menos tú. Tu esencia no conoce el miedo. Tu esencia es valor. Tanto de valentía como de precio. entonces hasta este momento podrías contestar. ¿Quién eres tú?

Cuando hay buena autoestima, crecemos de valor,nos amamos, nos respetamos y por consiguiente mejoramos a las amistades las relaciones son más duraderas por arte de magia y más auténticas.

Uno es la medida de todo. Como la cinta métrica, la gente te tratará como te trates a ti mismo, trátate como un rey, o una reina y la gente mirará un rey en ti o una reina. Si tienes muchos amigos es señal que tú te valoras y como una muestra que tienes magnetismo, no es que los amigos tengan dinero pero tus finanzas mejorarán automáticamente, por lo mismo de qué tienes buena energía y eres confiable.

Entonces ¿quién eres tú? y cómo elevar la autoestima urgentemente lo que se tenga que hacer.

La razón es el superpoder en el presente y el cambio del futuro. El que vive la vida sin rumbo es simplemente aquel que vive sin razón. Le está dando un mal uso a su mente.

El objetivo de saber cómo utilizar tu superpoder, para reestructurar la manera de pensar, de sentir y de actuar. Y hacer un balance para encontrar el toque clave y entrar en la transformación a lo espiritual, que es el verdadero centro de la fórmula del éxito. Es importante saber conversar contigo mismo, y que esa conversación obedezca o sea fiel al verdadero tú. Porque tú eres el vehículo y la reflexión consciente el volante que conduce al éxito.

Tres niveles de estima y las consecuencias

Buena autoestima

−Grandes sueños
−Abundancia
−Milagros

Baja autoestima

−sin propósito
−miseria
−incredulidad

Autoestima en recuperacion

−Sueños pequeños
−Poca creencia
−Inconsistencia

Capítulo 22

El control

Tú eres el vehículo y tus pensamientos conscientes son el volante hacia el éxito. Lo importante no es mantener el vehículo en la calle y sin chocar o llevarlo intacto, lo importante es que el vehículo lo manejes tú mismo. Es mucho más desastroso que el vehículo vaya automático o lo conduzca alguien más.

Aunque sea todo destartalado ya casi hasta sin motor o sólo el chasís pero que definitivamente seas tú quien lo maneje. No esperes leer todo manual para aprender a manejarlo, y mantener el orden, aviéntate a la autopista recorrer grandes velocidades, recuerda el consejo de Dios no tengas miedo. La palabra orden es fruto del miedo miedo a los accidentes, miedo a perder. Pero la experiencia es la mejor maestra. La vida es lección primero antes que teoría,si has escuchado el dicho es mejor prevenir que lamentar, viene gente asustada gente que tiene baja autoestima.

Las escuelas y la iglesia son programas, son sistemas mundanos que empobrecen la sociedad, aprovechándose del sistema nervioso, que te dice te puede ir mal o puedes causar muchos problemas a otra gente. Cosa que al final es exactamente lo que se termina haciendo.

¿Tienes el control de tus pensamientos? ¿O los pensamientos te controlan a ti? ¿O alguien que tal vez ya murió quedó mandando Órdenes en ti aunque las órdenes sean de miedo? Ojalá que si es así sean órdenes de inspiración. ¿Sabes hacia dónde te diriges con exactitud? ¿Qué tan cerca te encuentras o qué tan lejos? ¿De cien por ciento cuánto estás haciendo uso de tus pensamientos, del superpoder de tu mente? Eres como un superhéroe con un superpoder. ¿Quién eres tú? De verdad.

Los primeros resultados sobre el vuelo de los aviones lo pusieron:. Los hermanos Wilbur y Orville Wright fueron los primeros hombres en lograr que un aparato más pesado que en el aire sea controlable y se sostuviera en vuelo. El primer vuelo fue por sólo 12 segundos en 1903, en la playa Kitty Hawk, en Ohio, Estados Unidos. Esto se considera el inicio de la aviación. Anteriormente eran constructores de bicicletas. Se dieron la tarea con el superpoder de averiguar porque los esfuerzos anteriores de otras personas en perfeccionar la técnica de la nave habían fracasado. Por qué no logran estabilizar el avión cuando se encontraba en pleno vuelo. Habían sido muchos los intentos sin tener éxito. Después de un análisis profundo los hermanos descubrieron cuál era el problema. Todo rondaba a que no tenía control o cómo darle dirección.

La solución que aportaron los Hermano es que agregaron otro pequeño motor en la cola del avión que serviría como dirección, y así poder aterrizar o cambiar de dirección, su invento tuvo mucho éxito. Gracias a Dios hoy tenemos formas de transportes aéreos, que mejoran la comunicación por su rapidez. Un ser con dirección puede llegar donde quiera, y cambiar de dirección cuando lo necesite. Con este control fortalecido podría lograr muchas cosas.

El superpoder nos da la ventaja de crear planes de acción y ejecutarlo con excelencia, como elegir la carrera universitaria que más te guste o la vocación donde tú eres efectivo. Entiendo muy bien que no es fácil encontrarse dominado por los pensamientos, llega un tiempo que patinas y patinas y pareciera que nunca saldrías de ahí. Todos hemos perdido el equilibrio en algún momento. Y por más que uno busca forma de salir parece no poderlas encontrar.

En una ocasión un personaje me comentaba que era adicto al alcohol y la cocaína, llevaba 35 años en Estados Unidos y no tenía ni esposa ni hijos. Desesperadamente me decía que necesito ayuda, no puedo solo, mirándome fijamente a los ojos. Hay organizaciones buenas que le pueden ayudar –le dije – Siento un vacío en mi pecho de soledad que no puedo llenar, –agregó el–. ¿Dónde están sus amigos? No tengo No me siento lo suficiente bueno para tener amigos y una mejor vida o una esposa. Y ese vacío me conduce a consumir drogas. El vacío lo siente el cuerpo y el timón que son los pensamientos no los lleva el ser si no el cuerpo en este caso. Lo bueno que reconoces que necesitas ayuda –le dije– Eso es importante para una transformación.

Capítulo 23
Ingeniería del ser

Lo que sucede cuando se pierde la conciencia a causa de la baja estima, y por la memoria del pasado. Trataré de explicar esta pequeña fórmula de una manera muy sencilla.

Supongamos que un ojo representa la mente y el otro representa el corazón. Y en medio de los dos ojos representa la conciencia que vigila con la fuerza de la voluntad hacia los dos lados. Es decir la Mente y el corazón (las emociones y los pensamientos) Esta atención puede encontrarse secuestrada en algún momento totalmente por algo que te impresiona de un lado o del otro o sea por la mente o el corazón. La mente por las ideas y el corazón por las emociones. Lo más peligroso que le puede suceder al ser humano es que capturen su atención algo inapropiado. Su trabajo individual es el abandonar rápidamente los malos pensamientos y intercambiarlos por otros que sean buenos. Y evitar lo sensacional que disfruta el cuerpo por algo de sacrificio.

Si es algo malo que te atrapó, perdiste el timón, perdiste tu superpoder, entregaste tu ser. El Yo soy. Incluso a Dios temporalmente

pero si observa todo lo que sucede en ambos lados y se mantiene objetiva sin posicionarse ni a la izquierda ni a la derecha. Lograste la independencia. El centro. Eres libre. y por lo tanto eres tú mismo.

A continuación dibujaré el panorama que te acabo de explicar. si te distraes Por cualquier cosa lo único que lograrás es columpiarte   dramáticamente. Descontroladamente no podrás parar con un movimiento repentino. Solo podrás esperar los efectos a largo plazo. si la atención se mantiene en el centro lograrás la libertad.

Un ejemplo del pensamiento (miedo)

El miedo atrapa la atención, o sea logra distraernos, entonces el columpio se inclina hacia la izquierda. Como por ser el cerebro lógico el de lado izquierdo. Por ejemplo, tengo que estar a la moda porque temo que los demás me rechacen y quiero compaginar con ellos.

Entonces sucede esto

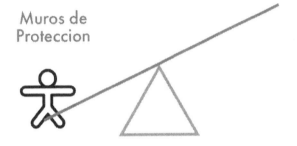

Muros de
Proteccion

En este momento fuiste dominado por tus pensamientos de miedo, que al final es una estima baja. No pudiste resistir a quitar la atención de dicho pensamiento

Ahora mira: Estos son los resultados de tener miedo.

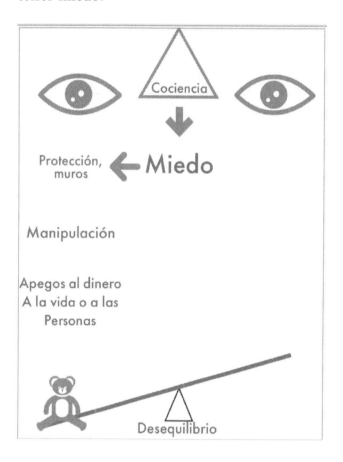

La palabra central de tener miedo es: seguridad, control y manipulación.

El objetivo es liberar el alma. El propósito de cada uno es lograr la libertad y ésta se encuentra traspasando el miedo que es el fruto del pensamiento que te dominó a ti. y el deseo como fruto de los sentimientos. No hay otro camino, al tomar otro los resultados no sería libertad si no otra cosa.

Por esta razón hay que tener mucho cuidado, de todo lo que nos llama la atención. Lo que miras tú que eres hombre te puede robar tu verdadero yo. Y lo que escuchas tú como mujer o dama te puedes convertir en otra persona que no eres tú misma. Los cumplidos aunque sean buenos te sacan del verdadero yo, si le das demasiada importancia. Cuida la aceleración de tu corazón porque es la cinta que graba en el subconsciente, y peor si acelera por cosas negativas. Cuando esto sucede deja de ser espiritual y pasa a ser humano como el hijo pródigo.

Cuándo permanecemos ajeno a todo lo que esté alrededor o mejor dicho decides qué cosas exactamente quieres que afecten tu ser ahí es cuando eres feliz. Evitando que te distraigan entonces te encuentras frente a frente contigo mismo y unido con Dios. Por medio de la objetividad. El truco es permanecer imparcial.

El hijo mayor de la parábola es un claro ejemplo del secuestro de los pensamientos se puso triste al saber que su hermano había regresado, seguro pensó que poco valgo ,nadie me quiere, todos me odian. A el lo quieren más porque le matan el ternero más gordo y le hacen una fiesta, mientras yo que he sido fiel no me regalan pero ni una gallina. Pobrecito de mi nací para ser desdichado.

Hace unos años conocí un señor, que se le iba el carro. En medio de la conversación se quedaba en silencio. Completamente paralizado de todos sus sentidos. Podrías tomar un break o tomarte un café, Mientras él se encontraba paralizado como una estatua. Y cuando regresaba en si continuaba la plática como si nada hubiera pasado. Nunca se daba cuenta de su pausa aunque hayan pasado 5 minutos. Las memorias robaban su conciencia (su ser) Solo me imaginaba una máquina tragamonedas que cuando se le terminaba el crédito, los muñequitos quedaban paralizados completamente hasta recibir la siguiente moneda.

Entonces me di cuenta que ser consciente es: como dice el dicho aquel : me cayó el 20. Recuperar el alma, es recapacitar, darse cuenta, reflexionar. como lo hizo el hijo pródigo. Se cansó de una situación y se dio cuenta, que ahí no tenía futuro, que tenía que cambiar..

Darte cuenta de qué vas por mal o buen camino de qué se tomó anteriormente una buena o mala decisión. Algunos le resulta imposible regresar, el alma casi se le ha unido con el mal, y debido a que volver representa partir la turbulencia, hay mucha resistencia y hay poca voluntad. Muchas de estas personas las escuchas diciendo yo estoy bien donde estoy, en resultado no hay fuerza para hacer inercia.

Cuando no hay estima, la mente produce ideas como el miedo, que perturba el corazón. Y el corazón produce deseos que perturban la mente. En este momento se puede convertir en una persona peligrosa, porque no es el. se ha convertido en otra persona.
Es como un borracho cuando ha perdido la razón.
O como aquel muchacho que me contaba que el diablo lo perseguía y no podía dormir con la luz apagada. Vivía frustrado, no podía disfrutar de su vida. Cuando yo le recomendaba leer decía: Tampoco puedo leer libros porque no se me queda nada. Mis ojos están leyendo

pero mi mente está en otra cosa. Quien lo entiende.

Entonces, ¿cuando eres tú? Se considera que cuando mantienes la conciencia y la tensión al timón de tu vida. Cuando aún eres capaz de reflexionar, cuando entra o sale como quieras. Ser tú es permanecer independiente y no ser un títere de nada ni nadie en la tierra.

Unos ejemplos de sentimientos (dolor) El dolor es el próximo impedimento o escalón que se encuentre en el camino a la libertad, no pasar la prueba, la conciencia se ve secuestrada por la emoción.

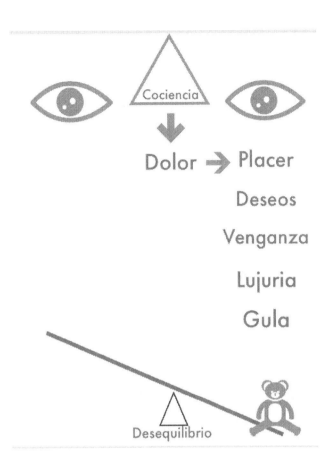

De no querer soportar el dolor la mayoría de las personas optan por tirarse al placer el deseo de apego. Como no pudo atravesar el dolor se inclinó por lo rápido y fácil como la diversión placer gula lujuria pereza Etc. Perdió el equilibrio y terminó perdiendo el alma.

La parábola del hijo pródigo también nos ilustra esta manera de distraernos, Pidió los bienes que le correspondía y los gastó en una vida desordenada, lo que lo llevó al dolor y a la pobreza.

Pero pongamos un ejemplo más cercano imagina que te Encontraste con un carro tal como tú lo habías soñado, el color, los asientos, los vidrios eléctricos, los rines el Stereo cinco velocidades con Internet y sistema de navegación etc. En fin hecho a tu gusto al entrar a su cabina el olor a nuevo y todo lo demás te hizo perder el control, como cuando llega el primer amor en este mismo instante, se te olvida todo pudieras haber tenido un problema en ese momento desapareció. Esto no da otra pauta, quiere decir que si tienes un reto es que te estás mal enfocando. En este momento le llamas a tu esposa y le dice que quiere comprar un carro como el que tú soñabas. ¿Y sabes que te responde ella? No tienes ni trabajo, llevas la rentas retrasado un mes, la espalda te duele al hacer trabajos duros. Tenemos cuatro niños y hay otras urgencias que cumplir. Y tú respondes voy a buscar otro trabajo, ya no siento que me duele la espalda, y pagar la renta y las urgencias, compré ya unos boletos de lotería, anoche soñé que iba a ganar. Y de verdad Solo estás emocionado

Tu atención fue robada, en ese instante no eres capaz de razonar, puedes persuadir hasta los banqueros que te hagan el préstamo, con cualquier porcentaje de intereses. Pero en el transcurso del tiempo cuando toca pagar $2,000 mensuales por el carro, ya recuperaste la conciencia y es donde se da cuenta de lo caro que salió no ser uno mismo, De seguir como un ciego, el corazón. Sin contar con la mente.

Capítulo 24

El alma

*"Tu propia alma se nutre cuando eres amable; se destruye cuando eres cruel."*anónimo

"Un cuerpo sano es cosa buena; pero un alma sana vale más que todo lo que el hombre pueda desear; un alma sana es lo más hermoso que el cielo pueda concedernos para hacer feliz esta pobre tierra nuestra."

Según la definición de alma en el diccionario, refiere a un tipo de entidad inmaterial e invisible que poseerán los seres vivos. El alma ha estado presente en absolutamente todas las culturas y civilizaciones del planeta tierra. Sus características y propiedades varían según las tradiciones filosóficas y religiosas.

Según la tradición religiosa judeocristiana, el alma es la principal cualidad identificatoria del movimiento en la materia viviente.

El alma según Platón es una de las dimensiones más importantes del ser humano y considera que se encuentra encarcelada en el cuerpo.

Cada persona tiene un alma y el mejor símil o comparación que encuentro es; con una lámpara la cual nos sirve para conducirse. Esa luz llamada atención se maneja por medio de la voluntad, y que normalmente la tienen más consciente los seres que saben quien realmente son. Es decir los que tienen una idea correcta de sí mismo.
Cuando se tiene buena autoestima su atención se compara con un rayo láser de luz sumamente delgado que atraviesa la tiniebla más densa. Centrada, clara y capaz de ver largas distancias. Y que al quedarse un rato en un mismo lugar es capaz de cortar hasta el hierro por su fuerza de concentración. Esta luz es manejada por medio de sensores, cuándo estos sensores detectan ruido, automáticamente es atraída hacia ese determinado lugar. Y lo mismo sucede cuando detecta un movimiento, La atención se conduce hacia ese lugar. Pero cuando el ser tiene fuerza de voluntad inmediatamente vuelve a su objetivo principal para mantener iluminado al ser humano y enfocarlo.

qué pasa cuando alguien tiene una idea equivocada de quién es. Éste no tiene fuerza de voluntad y cuando su rayo de luz enfoca las distracciones no vuelve a su estado principal muy fácilmente y se pierde en la oscuridad, es decir queda sin mapa, sin norte, sin rumbo. Y tiende a chocar con todo. O quedarse estancado en los sumideros más enormes.

"El alma siempre sabe qué hacer para sanarse a sí misma. El desafío es silenciar la mente."

Elisa En el seminario

Excelente, muy interesante Elisa es el súper poder con el que contamos todos. Y como un muy fácil resulta terminar despistado. Creo que otra cosa que pueda servir para mantener la luz de la conciencia sin desenfocarse es: Tener un deseo, un sueño grande. Claro que sí– dice Elisa –pero los sueños grandes y el deseo ardiente es la misma voluntad, y sólo los pueden obtener los que se valoran a sí mismos. –Eso si es correcto. Reparemos la autoestima lo más pronto posible.

Pero dime Elisa, ¿a qué país me vas a llevar a soñar hoy? Ah y gracias por los tenis que me trajiste están bien *masisos*, me siento como que ando en el aire con ellos, soy un chavo *masisera*. –De nada solo comparto un poco de lo que tengo.

Uno de los siguientes países que quiero mostrarte es Suiza

Suiza

Me encanta Suiza porque en invierno tiene muchas actividades como esquí y snowboard, y cuando los pastos se vuelven verdes abundan las rutas excursionistas y ciclistas. Y en la ciudades tenemos castillos y belleza artesanal. Conciertos y restaurantes de nueva ola. Un abundante y sabroso homenaje al queso fundido y el chocolate suave. Los innovadores como son los suizos siempre han recibido con los brazos abiertos todo lo nuevo y lo experimental.

"Las actividades al aire libre, son importantes a nivel cultural, por eso casi toda la población es amante de la naturaleza. Conocen mucho sobre las flores y los animales silvestres del país. Las montañas y los valles están bien conservados; son lugares muy limpios y con un valor extremadamente alto para la cultura suiza. La cultura del reciclaje está expandida por toda la población."

Suecia

Suecia me encanta porque tiene una de las menores densidades de población del continente, y una de sus grandes ventajas son sus bienes naturales. Hay que estar dispuesto a celebrar todo lo bello y todo lo democrático mientras se viaja.

Suecia tiene archipiélagos ceruleus y auroras boreales y hasta moda. Gastronomía y diseños geniales por lo que no es de extrañar que sus habitantes estén tan feliz de vivir ahí. Rara vez son ostentosos, generan los moderados y lo sencillo.

Suecia obtiene muy buenos resultados en muchas medidas de bienestar general, en comparación con la mayoría de los demás países incluidos en el Índice para una Vida Mejor. Suecia se sitúa por arriba del promedio en todas las dimensiones: calidad medioambiental, compromiso cívico, educación y competencias, balance vida–trabajo, estado de la salud, satisfacción, ingreso y patrimonio, empleo y remuneración, vivienda, seguridad personal, y sentido de comunidad. Estos resultados se basan en una selección de datos disponibles.

Nueva Zelanda

Lo que me encanta aquí son sus gigantescos parques naturales y el surf y esquí de primera. Su población es de 5 millones de habitantes. Está llena de bosques, montañas, lagos, playas y fiordos sublimes. Sin duda son un destino de lo más lindo del mundo. La cultura Mauri está presente en la vida kiwi contemporánea de modo que es posible oír hablar Maori. Toman parte de una Gangi (fiesta Mauri) o asisten a una actuación cultural con cantos bailes y una haka (danza rutinaria).

–Elisa he encontrado algunos detalles que así como es el país así es la gente. como lusca un país así habla de la persona. Otro detalle es que como que los parques la montaña lagos colaboran con la felicidad de los habitantes "En la actualidad, la mayoría de los neozelandeses se perciben a sí mismos como tolerantes y abiertos a la diversidad. Son capaces de reconocerse como un pueblo único, orgulloso de su herencia británica y maorí, pero plenamente conscientes de su identidad."–Así es son destinos muy lindos y feliz solo me faltan dos y te lo contaré en casa vamos a tener una cena el próximo sábado. –Listo ahí, llegó listo el próximo sábado.

Capítulo 25

Mejorar la autoestima

"En el minuto en que aprendas a amarte a ti mismo, no querrás ser nadie más que tú".
Rihanna

Mejorar la autoestima es como recuperar el alma. Es lo primero y lo más esencial que un ser humano debe hacer antes de comenzar hacer otra cosa. La autoestima es todo en este mundo. Alguien que se ama le sale todo mejor, todo el mundo está a su favor, y vive feliz.

Hay miles de razones para demostrar lo importante que somos. Como dijo el salmista dirigiéndose a Dios: *tú creaste la delicada parte de mi cuerpo y me entretejiste en el vientre de mi madre gracias por hacerme tan maravillosamente complejo. Tu fino trabajo es maravilloso, lo sé muy bien. Salmo 139.*

Qué preciosos son tus pensamientos acerca de mí, oh Dios mío.

El salmista admira el fin del trabajo y la delicadeza con la que está formada cada persona. Es un sistema de sistema que se complementan unos con otros y estamos muy finamente diseñados.

Cuándo creó el hombre a su imagen, Dios creó un jardín con sumo cuidado, organizó todo. Desde una simple piedra, el agua a los animales y las plantas, separó la luz de las tinieblas decorando con las estrellas el sol y la luna sólo para alguien tan importante como tu es decir el ser humano se puede preparar tanta belleza. Lo podemos comparar ni más ni menos cuando una madre espera su bebé, le prepara una recámara con la cuna, la ropa, las lucecitas y los peluches. Para después traer la máxima autoridad de la tierra, y me refiero a usted.

Recuerda que fueron millones de espermatozoides que pudieron haber fecundado, pero fuiste tú por qué eres fuerte, eres listo, eres ganador y nunca te rindes eres un campeón. Si hay alguien en el mundo maravillosamente lindo eres tú. Y es momento de admirar cada parte de tu cuerpo, porque tenemos oídos escuchamos los mejores cantos. Porque tenemos ojos vemos los mejores paisajes de la tierra. podemos correr gracias a las piernas. Y las manos que nos dan de comer. Qué lindo que somos.

Cambiando de entorno

El hombre y la mujer tienen la capacidad de adaptarse a cualquier entorno. Somos el resultado de las cinco personas que nos rodean. Llegó el momento de decirle adiós a muchos amigos si no es que a todos ya que es Imprescindible buscar otros moldes a los que nos quisiéramos parecer. Que tengan los resultados que se andan buscando. Si no te gusta en lo que te has convertido simple sencillamente es por el tipo de entorno qué has elegido hasta hoy. Cambiar de pueblo, cambiar de ciudad, de ambiente, de trabajo para hacer lo que te gusta con los amigos que compartan las mismas pasiones. Busca el entorno que sea similar a lo que tú quieres ser. Que mejor con personas que aportan valor. El entorno es la mejor técnica para cambiar o mejorar como persona. Invierte tiempo en elegir y ganar amigos con buenos resultados.

Según Abraham Maslow para lograr la auto realización se necesita escalar cinco pasos de los cuales entre más arriba se encuentra habrá menos personas, siendo así el primero donde se encuentra la gran mayoría. Eso nos indica que la autoestima por ser la número 4 muchas personas carecemos de esta. Esto es como un termómetro que nos da la pauta de lo que la gente falla. Y necesita recuperarse. Si no te sientes realizado hay que seguir trabajando en la autoestima.

1 Necesidades básicas

La gente apenas puede cubrir las necesidades más importantes, comer dormir, hacer del baño respirar y es aquí donde se encuentra el 90% de las personas. Luchando por suplir estas necesidades.

2 Seguridad

Lo que la mayoría persigue sin haber logrado el primer nivel. por eso una gran mayoría se encuentra sin casa, sin salud y sin trabajo. Son menos las personas que se encuentran con seguridad.

3 Sentido de pertenencia

Si cubriste el paso número uno y el paso número dos al 100% entonces la siguiente necesidad es sentirse acogido o pertenecer a un grupo como: la iglesia, en el equipo de fútbol, en la compañía o en algún partido político. Necesitamos un entorno para sentirnos aceptados.

4 Autoestima

Sin duda el entorno ayuda la autoestima por eso es un paso anterior a éste. Es decir el nivel 3 tiene que ver con pertenecer a un grupo. Y por consiguiente la autoestima es el principio o una preparación a la autorrealización. Ganarse el respeto de la comunidad con pequeños logros, con títulos universitarios, trofeos de competencia y talento desarrollado. Pero sobre todo tener una mente ganadora. Es decir, recibir reconocimiento. Cada paso que sube exige más esfuerzo.

5 Autorrealización

Son menos los que han alcanzado este nivel, para ello ya no existe la perturbación por qué han desarrollado la inteligencia emocional. tampoco existen los problemas, solo oportunidades. viven como en éxtasis, prestando un servicio completamente dirigido hacia los demás.
Cómo si se tratara que luchar por nuestros propios caprichos es la causa de alteración.
Y la pobreza o el estancamiento
Tú eres la persona que merece más respeto. Porque con la manera de vivir comunica un mensaje a los demás. te tratarán a ti, como tú te tratas a ti mismo.

Autosugestión

Utilizando la mente conducimos pensamientos y palabras inspiradoras hacia nosotros mismos, con la intención de sembrar una semilla de mejor fruto en el jardín de la memoria subconsciente.

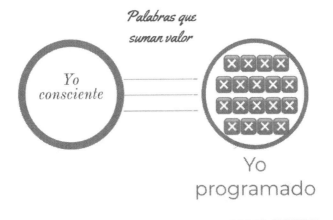

En la imagen anterior; la idea es dar a entender que el decirse frases positivas elimina la maleza o las X del círculo que son sólo malas experiencias, y falsas creencias mentiras que se han creído. hasta el punto de quedar de la siguiente manera

De esta manera quedando solo flechas positivas es un ser auténtico que honra a Dios porque es un reflejo de sus grandeza. Ama a Dios sobre todas las cosas y al prójimo como a sí mismo.

Cuando llegamos a este punto el ser humano por fin se encontró a sí mismo.

El truco está en la repetición, creemos las mentiras por la repetición, así podemos sembrar la verdad por la repetición. Así como una gota de agua hace hoyo en una piedra de tanto caer y caer en el mismo lugar, así marcaremos el subconsciente. Si no recuerda cuando te enamoraste que la repetición de citas, flores, detalles fueron ascendiendo y afectando de manera positiva en tu creencia. Al final todo se materializó en los hijos. A todos nos gustan los cumplidos, especialmente

cuando se trata de un buen propósito.
Un ser, con baja autoestima es egoísta y
se ama a sí mismo, y a esto es lo que
Dios le llama idolatría. El no quiere que
nos quedemos cortos en este mundo
físico.

Capítulo 26
Balance general de la vida

"No somos millonarios por lo que tenemos, sino por lo que podemos hacer sin tener ningún recurso material." Kant

–La información y educación financiera también abre los ojos del ser que necesita ser.

La preparación abre los ojos al nuevo mundo, quita la venda de los ojos. La riqueza material sólo es mala cuando la persona no sabe nada de ella. Pero cuando tienes el conocimiento nunca sería un tropiezo. La lectura da seguridad para actuar. leer buenos libros, escuchar audios y asistir a la conferencia son cosas indispensables.

Así que pregúntate: ¿dónde estás hoy? ¿Dónde quieres estar mañana? ¿Y cuál es la razón de no estar donde realmente quiere estar? Con el siguiente balance podrás entender mejor lo que haces, lo que hacen los demás, y la solución de nuestros problemas.

Cuerdos y locos

1 Los cuerdos trabajan para tener mucho dinero en el bolsillo, por miedo a quedarse sin casa, sin comida, sin futuro. Venden su tiempo a cambio de dinero

–Mientras los locos trabajan duro para comprar activos aun que generan poco dinero de manera residual por el resto de sus vidas, sin ir a un empleo.

2 Los cuerdos obedecen órdenes, hacen lo que el dinero les dice para conseguirlo. El dinero es el jefe para ellos, comparándolos con un jinete y el Alazán, el dinero es el jinete. Y ellos el corcel.

–En cambio los locos consideran el dinero como un empleado, y como el Alazán de la carrera, lo manipulan a la manera de ellos. El efectivoTrabaja por órdenes de ellos mismos, simplemente les gusta ser jinetes del dinero.

3 Arriesgar no va con los cuerdos ellos prefieren seguir en el mismo lugar, en el mismo trabajo, donde se sientan confortables.

–Los locos en cambio son aventureros. la vida estancada les aburre. Entre más adrenalina suman y sienten mejor la pasan, son amantes de nuevas experiencias. saben que al final lo importante es la experiencia de la vida que nos llevamos

4 Por su estilo de vida los días se les tornan aburridos, por hacer la misma rutina todos los días, a la misma hora y por la misma estación. Esto los lleva a la necesidad de divertirse, así entran los celulares, el Internet, el paquete de canales, el fútbol, o el PlayStation alcohol, drogas, fiestas etc.

–Los locos saben cuánta gente necesita entretenerse, por lo tanto crean sistemas de entretenimiento. Lotería, casinos, hoteles, aplicación en Internet, novelas. En la vida ellos nunca sienten la necesidad de entretenerse porque su modo de vivir es una diversión. Su cerebro produce la suficiente pasión (serotonina, endorfinas, dopamina, oxitocina)

5 Los acuerdos compiten, a ser el mejor a como dé lugar en sus lugares de trabajo o de asociaciones. Disfruta destruir al otro no importa si es su pareja, hacen lo que sea necesario para levantar la bandera por su cuenta, así sea vendiendo el alma que es su propia voluntad. (les gusta el papel del súper héroe)

–Los loquitos crean equipos, como las hormigas. Se apoyan entre sí, con la intención de verlos crecer, porque entienden que es la única forma de crecer todos.

6 Éstos mismos cuerdos porque luchan sólos, nada más suman dificultad y evidentemente restan los resultados.

–Mientras los locos multiplican los resultados ya que forman una maquinaria juntos, y se dividen en el trabajo, saben apalancarse de los demás y del dinero. Y todos disfrutan de sus propios trabajos por ser sus pasiones.

7 Los cuerdos Por sus limitaciones y egocentrismo crean problemas, y no conocen una solución concreta.
–mientras los locos por su buena estima logran soluciones. De hecho es el mecanismo que usan para atraer dinero. Problema y solucion es igual a oportunidad.

8 Los pobres son maestros perfectos lo saben todo, no tienen nada más para aprender, son completamente cerrados. Nadie más tiene la razón sólo de ellos. ¿Conoce a alguien así?

Los ricos, es decir los locos son alumnos permanentemente, saben que todos los días pueden aprender algo nuevo. Están muriendo y aún seguirán aprendiendo.

9 El cuerdo se deja llevar por las apariencias. Nada más ven lo físico, no viven su Experiencia vive de la de los demás.

–Los locos ven en los demás su ser interno los talentos, ven sus emociones ideas y palabras. Viven en otro mundo más divertido y desconocido por muchos.

10 Los cuerdos por desconocerse continúan siendo esclavos de sus pensamientos y creencias. Vaya pues que ignorancia

–Mientras los locos continúen siendo libres, porque ellos así lo prefieren. Ponen el conocimiento rápidamente en acción. Y Por su liderazgo En lugar de que el gobierno los domine, dominan el gobierno asociándose, siendo más listos que ellos.

¿En cuál lado estás tú? ¿Eres cuerdo eres loco? ¿Tiene la razón o tiene los resultados? ¿Entonces quién eres tú? ¿Dónde quieres estar en el futuro?

Capítulo 27
¿Cómo se define Dios a él mismo?

En el antiguo testamento, cuando Moisés vio la zarza ardiendo y que no se consumía, Dios le encargó una misión a Moisés. He escuchado el clamor de mi pueblo y quiero liberarlos por medio de ti. A lo que Moisés responde con un montón de excusas: soy tartamudo, no puedo hablar, mi rencor del pasado es aterrador, no soy buena persona, Dios lo dejo que se bañara en lodo primero. Es decir lo escucha (Y por su mente seguro pasaba el pensamiento)

Pero qué vas a ir vas a ir. No importa si hayas matado a alguien cuándo vivistes en Egipto. De las misiones no nos podemos escapar. No importa tu pasado.

Al final de la conversación Moisés pregunta a Dios : Y que le voy a decir cuando me pregunte a quien me envió? Y Dios dice: dile que yo soy el que soy te envío.

Bueno revisemos esta conversación

Y ¿Qué significa yo soy?

Auténtico, la verdad, sin disfraces, real, sin envoltura. Sin combinaciones de nada, no contaminado, de calidad fina, de mucho valor, que vale la pena obtenerlo. Que original, yo soy el que verdaderamente soy, no el que dicen que soy. No existe otro igual.

Y precisamente tú y yo somos nada más ni nada menos una parte de la esencia del yo soy. Yo soy de la palabra sea. Refiriéndose a una persona. Sería ser tú mismo, exactamente como Dios te hizo. No como el mundo te hizo creer qué era. Tampoco existe copia de ti, eres único por dentro, todos somos diferentes aunque tengan caras parecidas, el ser único nos hace especiales. Ahí es donde existe nuestra grandeza, por la particularidad, porque para Dios significa mucho. A veces actuamos como Moisés derrumbándonos nosotros mismos, a diestra y siniestra. Recuerda que sin ti el mundo pierde su particularidad. Si no somos el mundo anda perdido y perdemos a los demás también

Cuándo comenzamos a combinar con otros pensamientos equivocados perdemos la originalidad. Eso representa una ofensa a Dios. No puedes construir una casa en terreno ajeno. El secreto para una verdadera transformación es ser exactamente quién eres. El éxito es tu mismo. Cuando eres tú. Eres éxito cuando sacas la mejor versión de ti. Cuando te asimilas más de tu verdad. Porque no hay engaño. Encontrarse así es como encontrar una mina de piedras preciosas y metales valiosos. Por lo tanto, mira hacia dentro, no veas hacia fuera. Eres una marca valiosísima. Porque Dios no hace cosas baratas. Acercarse cada día al camino del conocimiento de la verdad está como nuestra tarea magna en esta tierra.

De nuevo con Elisa

Por fin llegó el sábado y esta tarde el seminarista, se dirigía con gran entusiasmo hacia la casa de Elisa. su compañía y su amabilidad se extraña mucho. Y la cena que estaba por disfrutar mmmm se hacía largo el viaje. Al bajarse del autobús, caminó cuatro cuadras para llegar a la casa en la colonia Kennedy. El seminarista toca la puerta: pero tardaba que abrieran, mientras contemplaba de frente un rojo atardecer en las nubes. Se asegura nuevamente si el número de la casa para saber si no está equivocado, al fin abrió un hombre mayor que lucía no muy amable. Hola, ¿Cómo estás? Dijo, – ¿Tú eres el amigo de mi hija Elisa? –Si yo soy y vine porque Elisa me invitó a una cena que iba a tener. De cumpleaños.
Mmm Bueno ella no está hace dos días se casó con su novio el ingeniero de la casa de la esquina y se la llevó a vivir a Estados Unidos. Lo siento mucho amigo. El seminarista tragaba saliva mientras digería la noticia.

–En la mesa dejó unas fichas. Me dijo que te lo entregara a ti. –Bueno muchas gracias don, –dijo el seminarista. Perturbado después de tomar las notas que Elisa le había dejado. Lleno de melancolía dio la vuelta y mirando hacia el suelo avanzaba. En esos momentos le daba igual caminar por el centro de la carretera y que lo atropellaran los autos o caminar por la banqueta. Ni del punto de buses se acordó, camino y camino viendo los tenis que le regaló Elisa para proteger sus pies. Lo embargaba sin duda una gran pena. Extrañaba a Elisa. Aunque él estaba estudiando para sacerdote no dejaba de sentir soledad. Las personas especiales te marcan la historia, pensaba. Por fin llegó y le dio la ficha de los dos últimos países que le había copiado.

Austria

Un soplo de aire fresco arquitectónico y una sensación de nueva modernidad barren las calles llevando consigo el feliz Maridaje lo histórico y lo contemporáneo. No hay otro país que baile el vals entre la ciudad y el campo con tanta naturalidad como Austria.
En invierno las pistas de esquí se llenan de esquiadores y *snowboard*, mientras que en verano los fans de rafting de aguas bravas y del barranquismo acuden a la llamada de los ríos y lagos glaciares

que brillan como piedras preciosas. "Austria es uno de los países más prósperos y desarrollados de Europa. Así pues, Austria tiene una economía bien desarrollada gracias a la gran vertebración de su mercado, vertebración reflejada en el alto nivel de vida de sus habitantes."

El clima de transición centroeuropeo influenciado por el clima atlántico es característico para Austria. Debido a la gran variedad topográfica del país y la gran extensión de este a oeste hay tres zonas climáticas importantes.

–Mi querido amigo seminarista espero te haya encantado este recorrido por los países más felices del mundo, le decía Elisa. Espero termines el libro y lo disfrutes. Aquí te presento el último país de mi lista de 10 más felices del mundo.

Canadá

Canadá se distingue por su alto Índice de Desarrollo Humano y por ser uno de los países del mundo donde su población dice ser muy feliz. Canadá es uno de los países del mundo donde la población se siente satisfecha.

Si, absolutamente. Canadá tiene una gran reputación por ser un lugar amigable y seguro para vivir y formar una familia. Es uno de los 3 países más populares a nivel mundial y ocupa el puesto número 1 en calidad de vida. Canadá es el segundo país más grande del mundo en tamaño y su población es de alrededor de 38 millones de personas.

Canadá posee una infinita variedad de paisajes que incluyen montes altísimos glaciares relucientes. Bosques pluviales y plantas remotas repartidas por seis zonas horarias, el arte forma parte integral del paisaje cultural canadiense. Es increíblemente diversa en todo su amplitud y sus ciudades por lo que siempre hay algo para todos los gustos de música, arte y comida. La siguiente parte del libro te va encantar léela. amigo te quiero mucho.

Posdata. El aderezo al pastel del éxito lo pones tú.

En resumen

¿El objetivo de esta segunda parte de la transformación es: conocerme quién soy? Exactamente. Tanto con las virtudes y debilidades. Tal como son, hacer un rastreo profundo sin tratar de arreglar ningún defecto. Entre más sincero, mejor será el comienzo. Entre más leal a ti, mejor entrarás en el siguiente paso que es la espiritualidad y la conciliación contigo.

El gusanito soñador

Cierto día un gusanito soñaba con escalar las cima de la montaña, en busca de su verdadero amor. Al intentarlo su vida se llenaba de sentido. Y si no se atrevía sabía que iba a vivir el resto de su vida con ese pesar de no haberlo intentado. Y ese mismo instante el gusanito soñador alzó camino, tomó la decisión Sin pensarlo mucho. Al llegar al primer pueblo que tenía que cruzar, en el camino, sus amigos le preguntaron: ¿adónde vas gusanito? Voy para las cima de la montaña, en busca de mi verdadero amor mi gran sueño. –Estás loco gusanito si apenas puedes arrastrarte y esa montaña donde te diriges está requete lejos ni viviendo tres vidas llegarás. El gusanito respondió, –No sé cómo lo haré, pero lo único que sé es que llegaré a las cima de la montaña.
–O que gusanito más soñador riéndose despiadadamente sus amigos. El gusanito se enojaba pero se controlaba y utilizaba esa rabia para tomar más fuerza. Muchas veces se hacía el sordo. En su mente tenía la imagen de él llegando a las cima de la montaña y tomando la mano de su verdadero amor. Y esa película la repetía en su mente a cada minuto. Una y otra vez
En otras ocasiones su mente le decía que era mejor buscar un vehículo para no

arriesgar pero enseguida daba salida a esos pensamientos. No puedes hacerte la peor idea antes de qué sucedan las cosas. Su intuición le decía al gusanito que siguiera adelante. Al pasar al siguiente pueblo sucedió exactamente lo mismo. – Los amigos al escuchar el sueño del gusanito se reían y le decían no lo vas a lograr gusanito. No naciste para llegar tan lejos, ni mucho menos a las cima de la montaña, el camino es árido y tienes que atravesar el desierto. Y tú no eres más que un gusanito. El gusanito decía yo voy a la cima de la montaña y detenerme jamás. El gusanito sabía muy bien que sus amigos pensaban diferente. Eran lógicos cuerdos, y razonables. Y no debía escuchar sus Consejos. Hacerles caso sería pérdida de energía y de tiempo. Por fin el gusanito cruzó el último pueblo y se enfrentó con el cruel desierto, la soledad era su única compañía. Y la vocecita en su cabeza que le decía: creo que tus amigos tenían razón, debiste hacerles caso. El calor era intenso, y ya casi no tenía energía. El gusanito sabía que si descuidaba sus pensamientos podría terminar pensando como los cuerdos. Sin embargo persistió y no perdió de vista el lugar donde se dirigía. Por la noche la temperatura bajaba bajo cero y por el día rebasaba los límitesmás altos. Periódicamente había tormentas de arena, después de muchos días de lucha el soñador lucía cansado, mareado, caía y se volvía levantar, perdía su conciencia y hasta tenía alucinaciones. Hasta que por fin cayó y no se volvió a levantar con el bendito ideal de nunca darse por vencido. Sus amigos llegaron a rescatarlo pero lo encontraron dando el último suspiro. Enseguida hicieron una sepultura y lo enterraron. Unos estaban tristes pero muchos lucían satisfechos porque sus predicciones acerca del gusanito se habían cumplido. Después de que lo enterraran encima de la sepultura pusieron una cruz con un mensaje que decía:

Hasta aquí llegó el gusanito soñador.
Aquí yace un gran soñador.
Un soñador que se conoció a sí mismo.

Parte 3
Muerte para nacer a un ser espiritual

Comprenderme y aceptarme como soy

Capítulo 28
Nueva naturaleza nacer de nuevo

Aquí murió el gusanito soñador, decía un letrero encima de la tumba. Al terminar su último adiós todos los amigos se fueron despidiendo poco a poco mientras uno de ellos se percataba de algo extraño, la tierra suelta encima del cuerpo del gusanito se estaba moviendo y rodando hacia los lados,–A lo mejor es un terremoto dijo uno de ellos. Pero de pronto se dieron cuenta que era el gran soñador que había muerto y estaba resurgiendo del fondo de la tierra.

Todos estaban sorprendidos por lo que estaba sucediendo y más cuando vieron al gusanito completamente transformado, más invencible que nunca. Había sufrido una metamorfosis y se había convertido en una sorprendente mariposa.

Al comenzar su vuelo les dio un último adiós a sus amigos, mi sueño me espera, recuerden que para un soñador nada es imposible. Ni el cielo es el límite y voló alto hasta llegar a la cima de la montaña a encontrarse con su verdadero amor. Tienes que estar dispuestos a morir, para lograr tu sueño.

La nueva naturaleza

El espíritu es como el fuego que consume y destruye todo lo que encuentra por delante para que nazca algo nuevo. Un estado renovado de vivir, un estilo de vida diferente al corriente. Es otro mundo, un mundo nuevo, e invisible. La nueva naturaleza está más allá de lo físico. Es intangible,no se puede tocar. Con la Nueva naturaleza nacen los valores, el carácter adquirido en el proceso de sometimiento a la muerte de lo ordinario. La espiritualidad tiene su centro o como objetivo elevar a otros y eliminar al ego. Por medio de la humildad. Un ser espiritual empodera a cada persona que se encuentra por el camino, hasta el punto de transformarla con sólo su presencia. Su efectividad hace a los demás sentirse reales y seguros. Todo esto los hace atractivos, funcionando como magnetismo. Esta gente vive en éxtasis cuando se convierte en un ser espiritual. Pero tú sabes que primero hay que someterse a la muerte de lo anterior, del yo falso, de todas las complacencias inmediatas. La nueva naturaleza es la cumbre de la realización del ser, donde abunda la felicidad. Y La felicidad tiene origen en el servicio de los demás, de una manera objetiva, nadie puede ser totalmente feliz viviendo para sí mismo. A esto se le deriva el éxito por esto mismo porque eres feliz haciendo proyectos para ayudar a otros y ven a Dios en cada rostro en la tierra. Si conoces a alguien que no es feliz precisamente por que es egoísta y vive encerrado en su mundo.

Porque ayudar a otro genera libertad porque derriba muros del egoísmo.

Hoy en día mucha gente está deprimida, estresada y busca un medicamento o un psicólogo para que le ayude. Y es precisamente porque ha pensado y sigue pensando sólo en sí mismo. De manera que el mejor medicamento es poder ayudar a los demás en el lugar y en el momento oportuno ya sea en un asilo, en un orfanato etc y ponerse a colaborar con ellos. Y estarás despidiendo todas las enfermedades sociológicas como la tristeza, la depresión, etc. Entre más ayudes más sabor se le encontrará a la vida.

No hay amor más grande que dar la vida por los amigos en Juan 15, 13.

De manera que el punto de partida de la espiritualidad es el amor. El que transforma, el que consume, el que genera vida. Pero el amor es cosa de valientes sólo los valientes, aman. Nadie por muy rudo que sea se puede resistir a un gesto de amor, ser amoroso es el centro de la fórmula para tener éxito como el gusanito que por amor se transformó. La riqueza de un país depende de cuantas personas aman a los demás, conocen sus misiones y han puesto ésa misma en la acción. El éxito es la entrega, entre más das más éxito tendrás. Todo comienza con tu voluntad como generosidad. Lo que siembras cosecharás no hay otro camino. Cuando eres espiritual no existe el tiempo ni el espacio ni muros que no puedas cruzar. Con cada causa habrá un efecto.

Capítulo 29
No dejes de soñar. Soñar es lo más importante

"Todo lo que se puede imaginar es real
Pablo Picasso "

El lado derecho del cerebro tiene mucha conexión con el corazón, despiertan el genio soñador que llevamos dentro absolutamente todos los seres, sin escapar uno solo. Este genio interior no está familiarizado con las instrucciones humanas, ni entiende eso, ni conoce este mundo. Por el contrario se salta todo tipo de leyes que intentan frenarlo. El genio por naturaleza es rebelde. No conoce la palabra límite, solo el infinito, se alimenta de obstáculos. Su gasolina es que le digan que no se puede, es ahí donde enciende sus motores. El soñador le gusta aprender tirándose al abismo sin saber que le espera, detesta la teoría. Y no concuerda con los inteligentes lógicos. El soñador es un loco. La rutina, el protocolo y la redundancia le parecen patéticos. Si alguna vez conectaste una tv a la electricidad sin leer las instrucciones, o sobrepasando los límites de la velocidad en la carretera, te darás cuenta que así es cómo funciona ese genio, vas despertando ese soñador. Steve Jobs lo llamaba "el campo de distorsión de la realidad." Romper moldes y hacer suceder las cosas, que no estaban programadas para suceder. Parece ser que al soñador le parecen aburridos los sistemas porque son programas cuadrados en inventados y que no tienen chiste volverlos a vivir.

Al ser espiritual o el genio es ilógico, funciona en contra de todo. Lo que para muchos es imposible podemos distorsionarlo y hacerlo posible. Por medio del superpoder unido con la suprema conciencia. Mientra la mente tiene un límite al dividir el mundo entre buenos y malos ricos y pobres, gordos y flacos bonitos y malos, Inteligentes y locos. El genio rellena valles, construye puentes, y nivela montañas. Y aquí me atrevería llamar a Dios el máximo soñador. Dios le llama milagro y nosotros le llamamos sueños. A Dios le encanta la unión, el equipo. Y vive en completo éxtasis tal como vive un soñador. Dios une; por eso puso todo el universo dentro de ti y de mi.

Le hacemos honra a Dios cuando soñamos y mucha más honra cuando lo hacemos en grande, porque es ahí donde él dice: creo que para lograr ese sueño me necesitarán a mí y vamos hacer un tremendo equipo. De manera que los sueños grandes si van a la unión con Dios. Si nos basamos en la Biblia Él hizo los sueños realidad de un ciego que quería ver, y también hizo los sueños realidad a Lázaro,y a María Magdalena resucitando a su hermano. Les hizo los sueños realidad a los tres enfermos de lepra, ¿por qué? porque soñaban, porque creían, porque tenían fe.

El soñador es profundo y romántico, discrepa con este entorno y normalmente es tachado de loco. Por eso es apasionante soñar

La pasión

El soñador siempre se encontrará emocionado, apasionado de volar, pasando lejos de este mundo. Las personas que han desarrollado el genio soñador son aquellas que hacen lo que les gusta, han encontrado el entorno que va con su persona. Entran en un sueño de flujo que se olvidan de todo, hasta del dinero que van a ganar por hacer lo que les apasiona, tan apasionada que si les cortaran el pago no se darían cuenta y seguirán, normalmente se olvidan como si no hubiera pasado nada de nada.

La pasión de Dios es verte a ti y a mi soñando. Por qué es ahí cuando más nos parecemos a él. Y el se ve reflejado en nosotros. El soñador sólo ve la alegría de vivir y de correr el infinito libremente.

Al apasionado, todos los retos le parecen positivos, todo problema le parece alegría. Vive lejos del tiempo y del espacio. Realmente el soñador sostiene que este mundo es parte de un sueño de Dios. Incluso nosotros somos una idea un sueño de Dios. Por eso no es saludable criticar esa parte de tu cuerpo que no te gusta de ti por el contrario conócete y acéptala, porque recuerda que es solo la idea de Dios que quiso crearte así. Si te criticas a ti mismo severamente nada más ni nada menos estás criticando los mismos sueños de Dios. Te metiste a con el grande. Incluso criticando los defectos de los demás cometes el mismo error con Dios no con ellos. El señor no ve con sus ojos y escucha con sus oídos y los demás sentidos. El usa la intuición con la que ve las palabras y escucha los paisajes y ve los sabores y olores.

Juega en el mundo de Dios de manera imaginativa que ahí es donde vuelan los más grandes sueños destilados de la mente de Él. Ahí están las mejores creaciones nunca antes vistas. Esperando por un soñador atrevido las encuentre y las materialice, trendolas a al mundo visible.

Capítulo 30
Visión del futuro y la próxima era

El poder de la imaginación nos hace infinitos – John Muir

La posibilidad de imaginar hace que nuestra esencia se extienda sin límites.

Así como Henry Ford vino a transformar el mundo con el automóvil, provocando la construcción de carreteras, puentes y negocios de combustible.

Tomás Edison perfeccionando el bombillo y la luz eléctrica e iluminando el planeta entero. Abriendo el camino a la tecnología y los aparatos electrónicos. Steve Jobs vino a revolucionar el mundo de las computadoras y celulares.

Los soñadores siempre irán cambiando el mundo. Siempre habrá alguien que marcará un tiempo. Pero lo que hoy parece la sensación del momento ya mañana será historia. Pronto quedará obsoleto.

¿Te has preguntado quién o qué cosa será lo que revolucione el futuro? ¿Dónde o en qué momento cambiará la historia? ¿De qué manera será qué hay que estar preparado? ¿Serás tú el que va a desafiar las reglas de lo imposible? ¿Cuál será esa parte que el ser humano no ha llegado y que está apunto de ser descubierto? El Internet fue la transición de la era industrial a la era de la información.

Y así como terminó la era industrial y comenzó una nueva era de la misma manera terminará la era de la información y comenzará otra. Lo que yo más creo que es más seguro es que termine muy pronto. Al menos creo que dure 50 años si no es mucho. Argumento esta teoría Por muchas razones una de ellas es que la era de la información está compuesta de altas revoluciones y todo lo rápido dura poco. Muy poco.

En la era de la información se acorta el tiempo y la distancia. y lo mejor aunque no para todos es que se encuentra en manos de todo el mundo preparados y no preparados.

Razón por las que una nueva era vendrá

Pues el alto índice de pobreza, que ha causado el cambio de una era a la otra. Es decir de la era industrial a la era de la información. En la era industrial los ricos eran los profesionales pero en la era de la información los ricos son los soñadores que se informan y se adaptan más rápido a los cambios.

Lo más triste es que muchos ni se dan cuenta que estamos en una nueva era. La nueva era está destruyendo a los que no están preparados. A estas personas las oportunidades se le convirtieron en desventaja porque la buscan en otro lado. Y precisamente en el lado equivocado. Esto afecta en todas las facetas del ser y una de ellas es el dinero. La energía del dinero cambia de lugar y de estrategia a cada instante y es necesario estar actualizado.

A los adinerados también les preocupa la pobreza. Porque no sería una ventaja que los pobres y los adictos compradores se queden sin nada. La clase obrera necesita al menos lo necesario para seguirles generando dinero a otros. ¿Cómo la nueva era trajo pobreza?

Por lo nuevo, lo que está a la moda que llama la atención, las redes sociales, es el alto grado de pérdida de tiempo. Y lo nuevo que está por salir. La sociedad se encuentra aturdida por tanta distracción que se presenta. La información inapropiada que llega a gente inocente y en la aldea más remota, que no están preparados para afrontar dichos retos.

Cuando hay demasiado ruido la buena comunicación se pierde, especialmente la comunicación con Dios. Y entonces quedan fuera de dirección. El ruido conduce al empobrecimiento de la sociedad. Y a la destrucción del ser humano

¿Por qué la era de la información terminará pronto?

Porque el planeta ya no aguanta mucho y nos veremos obligados a cortar definitivamente la fabricación de aparatos electrónicos y chatarras. Y si ya no tenemos tecnología tendremos que buscar nuevas formas de comunicarnos.

¿Y cuál será la nueva era?

Habrá que desarrollar habilidades mentales de comunicación. La nueva era tendrá mucho que ver con la telepatía y la teletransportación. Se acortaran de mejor manera las distancias incluso con otras galaxias y nos podremos encontrar con otros seres vivos, por lo tanto ahora tenemos que desarrollar un lenguaje universal. Nuevos códigos de comunicación. Sin duda como centro de lenguaje siempre ha sido así y seguirá siendo el amor. En esta nueva era entrar al juego en las plantas y los animales, de los cuales están incluidos a entrar en dichas comunicación. Lo importante de todas las etapas del desarrollo humano siempre ha sido el poder de la mente y ahora más que nunca la gente que sobrevivirá serán los de mente abierta y preparada capaz de adaptarse. Los que viven encerrados en el ruido que causa la tecnología serán pocas las posibilidades de pasar a la próxima era.

Para el que cree todo le es posible Marcos 9, 23.

En la nueva era del control mental. uno mismo podrá curarse la enfermedad por su propia cuenta. De hecho siempre se ha podido pero nadie ha llegado a desarrollar lo suficientemente ese poder o la conciencia sin necesitar de medicina. No habrá necesidad de médicos. Y hospitales. En la próxima era las personas podrán teletransportarse a cualquier lugar del mundo o comunicarse sin necesidad de aparatos electrónicos. Literalmente se podrá volar, recuerda que todo cambia nada puede permanecer estático, las cosas que nos sorprenden hoy para 50 años después pueden servir de risa de lo atrasados que nos podamos encontrar hoy.

Por eso jóvenes del año 2070 2100 un saludo desde hoy 50 años atrás y que nos gustaría estar en la época que viven hoy en día. Pero quiero recordarles que si puedo platicar con ustedes. Sin embargo, nos podemos hacer una idea. Qué es lo mejor con la velocidad del tiempo y de la información los carros y aviones desaparecen por la falta de petróleo y el calentamiento global. Los milagros y los sueños pasarán a ser algo normal por todo el cosmos, y la comunicación con los espíritus del pasado y el futuro. Una plática amena con tus antepasados pasarán continuamente y con los del futuro que aún no habrá sido. Podrás conducirlos por el camino correcto.

¿Cómo argumento éstas teorías yo?

Al principio mencioné a mi profe. Entrando al salón de clases de manera energética y segura mi maestro de secundaria RIGO. Nos dijo; cómo están mis hijos, yo doy estudios sociales y antes de comenzar quiero decirles que nosotros somos afortunados de tener una inteligencia infinita, cada uno cuenta con una tremenda capacidad de crear. Los inventos tecnológicos solo son una copia de la mente.
¿Quieren ver? Y así dirigió la mirada hacia mí y tomó mi cuaderno que tenía sobre el pupitre, y me dijo tómale una fotografía con tu mente y me dio 2 segundos para que apreciara el objeto, enseguida me lo quitó y lo escondió detrás de él. Y me pregunto; ahora descríbeme el cuaderno con detalles partiendo de la foto que tienes en tu mente. Yo le dije que es azul y en la parte izquierda de abajo tiene una N y una o pequeña y enseguida un 5. Haciendo alusión que la libreta era de *size* No 5.

–Él dijo ya vieron lo inteligentes que somos sin ver el libro puedes almacenar información y describirla, este es el origen de donde salieron todo tipo de inventos tal como las computadoras y las cámaras. Me ayudó bastante porque yo lo que menos quería era que me preguntaran cosas en público. Pero al ver que conteste bien y no lo defraude Me sentí empoderado con la capacidad de seguir creciendo en el colegio. No quise contar esta historia para decir que soy el más inteligente, lo hice para resaltar lo impresionante que somos todos, por tener una mente. Enseguida agregó: que todos los aparatos inteligentes que ves hoy en día, y lo que puedan crear en el futuro, ninguno puede compararse con la mente. Sólo son una idea del 5% de la conciencia de la mente del ser humano. Lo que me lleva a preguntarme: ¿qué podemos imaginar con el otro 95% de la mente que aún seguimos sin desarrollar conscientemente? En pocas palabras, si los aviones pueden volar y los aparatos comunicar imágenes de un punto del mundo a otro, con un uso mínimo de la mente, la lógica dice que nuestra mente lo puede hacer mejor, y si les complementamos el corazón por medio de la intuición diría que aunque no tenemos alas ni tampoco cable de fibra óptica el ser humano puede volar y usar aparato imaginario y adquirir Internet del aire y trasladarse al infinito.

Como dice Henry Ford *"si tú dices que puedes; puedes. Y si dice que no puedes, puede."* Partiremos de ahí, si tú dices que vuela volarás. Ahí recibe el poder de la mente. El mundo se dirige a una nueva era y más emocionante, lo mejor está por venir, lo más divertido está a punto de comenzar, y los soñadores cada día somos más. Cosas grandes y sorprendentes estamos apunto de ver y experimentar, y un día diremos, ¿dónde estaba este nuevo mundo que no habíamos descubierto? ¿Por qué nos habíamos perdido en otras cosas temporales? Volaremos juntos, juntos volaremos soñadores de todo el mundo.

Capítulo 31
El ser espiritual es enfocado por que tiene propósito

Cuando sabes quién eres, sabes hacia dónde te diriges

El dibujo ilustra muy bien la transformación, la incomodidad que causa el dolor; es buena. Y la paciencia de esperar a largo plazo, es indispensable

Como dije anteriormente, mientras estemos en esta tierra nos estaremos enfrentando al miedo como pensamiento y el dolor como sentimiento.

Pero el ser que supo quién es y sabe que su esencia pertenece al mundo espiritual; Vive consciente de todo, sabe y ve exactamente cuando está sintiendo dolor y lo enfrenta, cuando está pensando el miedo y la traviesa.

El ser espiritual nunca el miedo lo induce a la seguridad, ni el dolor lo seduce al placer. Hacer el miedo y el dolor a sus sirvientes los utiliza cómo peldaños para trascender. De lo contrario regresaría al punto donde se encuentra todo el mundo preso y encadenado. El miedo y el dolor son las dos bases de la escalera para subir a las cima. Y sólo se puede utilizar cuando eres consciente de esto, haciendo estas dos cosas la mejor herramienta. El ser espiritual abre su interior de par en par para que todo el mundo lo vea tal como es con sus defectos y sus virtudes, derrumba Los muros de protección y dice: aquí estoy así soy yo.

El ser espiritual, sea lo que esté pasando aunque sea una experiencia fuerte, nunca buscará un escape o una píldora que le quite el dolor. Por qué es consciente que es necesario pasar por un desierto para transformarse.

El premio del miedo y del dolor es el carácter, lo que sucede es que la transformación es modificación, remodelación del corazón y cuando más duele es cuando las partes se están alineando en el lugar correcto. Y si alguna vez te has dislocado un pie te das cuenta lo mucho que duele volver a llevar el hueso al lugar que le corresponde. El que sucumbe al dolor se estanca, no crece y no da frutos. Si no hay dolor no hay éxito. De otra palabra, si hay incomodidad no hay gratificación abundante. Haz del dolor tu mejor amigo. Y no se trata de masoquismo, se trata de valorar lo que tienes porque ha costado un precio muy alto. El dolor cause incomodidad; incomodidad de levantarse temprano, de trabajar duro por lo que se quiere, de dormir menos tiempo, de someterse a una disciplina rigurosa.

De trabajar con los temperamentos de las personas que sin duda son emocionales, de quedarse callado aún cuando tenga la razón, de lo que te gusta pero que otros lo necesitan. Incomodidad de emprender nuevos caminos sin saber qué es lo que te espera a la vuelta de la esquina. Y como debe ser ofendido y ser rechazado. Y destaco esto que sólo es capaz de traspasarlo aquel ser humano qué tiene amor.

El dolor es una buena herramienta porque se desarrolla la capacidad de trabajar sin pago a largo plazo. No espera nada para mañana. Ni para un año y cinco años, el ser espiritual espera resultados de 20 años en adelante y muchas de las veces siembra para las próximas generaciones, Aunque él no recibe nada. Ahí su vida se llena de sentido. Pero tú y yo sabemos que tarde o temprano la recompensa llegará.

Y multiplicada, ellos tienen fe y esperanza, con estos valores se dan por bien pagados. Esto no lo pueden comprar con el dinero del mundo. Estar pasando retos y tener la capacidad de sonreír, saber que la recompensa llegará así son los seres exitosos.

Al recuperar el valor de ti mismo desarrollarás la capacidad de soñar, cuando tienes un sueño propósito, tu luz, el rayo láser se enfoca en ese sueño, que tú elegiste. Después de ahí nada te puede robar tu superpoder la atención. Tu verdadero yo soy. Por qué tú y él yo se encuentran en el objetivo. Y la persona enfocada es como el leopardo cuando eligió una presa. Lucha hasta tenerla.

Los atentos mantienen el equilibrio tal como se ve en el dibujo, cómo no se dejan robar la atención a otro lugar gastan menos energía y avanzan más, porque evitan el columpiarse. De izquierda a derecha, de arriba a abajo.

Mantener el equilibrio es mantenerse en el centro. Es haber encontrado el sueño y que te apasiona. es haber encontrado tu centro de energía. Encontrar el centro es tener conectada la mente y el corazón a un solo objetivo sin perderlo de vista. Y que dicho con otras palabras el centro: es perder el corazón y la mente por algo en concreto que sabes que te conduce a la libertad. Al encuentro con los demás pero especialmente a la unión con Dios la energía infinita. Encontrar el centro de estar apasionado con eso que quieres lograr que es tu propósito. Usted con centro nunca tendrá tiempo de distraerse.

Y este es el punto que te traslada a otro estado es decir a otro mundo, energético capaz de atraer todo lo que se atraviese en el camino que sea compatible. Así nos unimos con Dios y todas las riquezas que él posee para sus hijos. Vemos con otros ojos lo que los demás quieren ver con los ojos humanos.

Cuándo permaneces atento te caen las mejores ideas a tu cabeza, descubres las mejores oportunidades, que están por todos lados y que los humanos no pueden ver. Los distraídos los que pasan viendo pajaritos en el aire, o la cuenta de Instagram y tiktok. Estar atento ver pasar todo tipo de cosas e ideas y no perseguirla, a la primera como va el toro al matadero. El ser espiritual tiene discernimiento de lo bueno y lo malo. El atento mira el futuro, vemos las maravillas que te esperan. Si trabaja en reparar la autoestima. Cosas que no se pueden explicar con palabras. La gente espiritual descubre talentos y potenciales en los demás, por eso el siguiente capítulo trata de la atracción que formamos todos juntos cada uno con su talento.

Reparar tu autoestima para que reparen la de todos los de tu casa sumándole valor y así podremos ver cómo será el mundo en 100 años o 200 años después, y podamos conocer cómo serán los tataranietos. Y la capacidad de sus mentes, lo más probable que podamos darles una conferencia desde este día.

Capítulo 32

El poder de la unión y los valores

La mente maestra.

Así como nuestros cuerpos tienen muchas partes y cada parte tiene una función específica. El cuerpo de Cristo también. Nosotros somos las diversas partes de un solo cuerpo y nos pertenecemos a otro. Dios en su gracia nos ha dado Dones espirituales diferentes para hacer bien determinada cosa por lo tanto si Dios te dio, la capacidad de profetizar, habla con toda la fe que Dios te haya concedido. Si tu don es servir a otros, sirve bien. Si eres maestro enseña bien, si tu

Don consiste en animar a otros animales. Si tú don es dar hazlo con generosidad. Si Dios te ha dado la capacidad de liderar toma la responsabilidad en serio y si tienes el don de mostrar bondad a otros hazlo con gusto.

Romanos 124–8.

El fin último donde se dirige el ser humano es la unión. Cada sueño tiene que terminar siendo parte de un océano de sueños o un propósito maximo. Y se hace presente mediante la mente maestra, sincronizar la mente y transmitir pensamientos mediante el equipo. La capacidad de unirse a una masa y ofrecer el talento es típico de un ser espiritual.

Todos nos pertenecemos, dice San Pablo, la necesidad de formar equipo es porque nadie es igual a otro. Todos somos diferentes, y nadie debe sentirse inferior o más importante. Sin ti el cuerpo de la mente maestra quedará inconcluso. El que entiende eso de hoy en adelante jamás vivirá para sí mismo. Todos tenemos algo de razón. Las opiniones diferentes se acogen con amor, todo debe ser cooperativo. Cada talento beneficia al equipo, y juntos es como se logra el apalancamiento. Tu talento y el mío sólo pasa a tener valor cuando alguien más se sirve el. Tu talento no te sirve a ti, cámbialo que los demás tienen miles de talentos a tu servicio también. A la mente maestra la impulsan los valores del amor la esperanza la honestidad la generosidad la humildad la integridad y La fe. Éstos valores son muy estables, nunca cambian.

Fueron y han sido la base siempre serán para toda la vida. Son estos valores los que hablan por los seres auténticos. por eso tiene la verdad absoluta ya que son sumamente espirituales.

El poder del amor

"Donde reina el amor sobran las leyes – Platón"
Hacen innecesaria la creación de normas formales.

En la pequeña aldea donde nací, llamada Sabana de los Santos municipio de sonaguera que son aproximadamente 15 casas, conocí una muchacha joven de 18 años, al tener su primer hijo los doctores le advirtieron que había quedado muy mal de salud. Que si volvía salir embarazada peligraba su vida, de manera que debía cuidarse. Ella siguió las instrucciones al pie de la letra, pero el método de planificación que usaba no fue efectivo. Ella volvió a quedar embarazada, en el momento del control los médicos conversaron entre ellos y le preguntaron qué decisión ella quería tomar al respecto. Que ellos estaban a la disposición, si quería abortar, su respuesta fue contundente, dejemos que nazca el bebé, agregó ella y así creció el embarazo, y como lo pronosticaron los médicos que el día del parto una sola tenía que vivir. Como una verdadera madre lo hace rifarse la vida hasta última instancia por sus hijos. ¿Y adivina qué pasó? Después de largas horas de luchar por generar una nueva vida, murió la madre. Esas son cosas que marcan en nuestro corazón ver a la niña vivir y por otro lado la madre en un ataúd, hasta este punto sólo el amor es capaz de llegar. A esto se le llama dominar al miedo y el dolor, al darle la oportunidad a otro de ser y de florecer.

El éxito es energía que trae bendición esta energía la brinda el amor por medio del corazón renovado. El amor transforma todo lo que encuentra por delante. Alguien lleno de amor se convierte en magnetismo, debido a que se ha convertido en la persona correcta, que simplemente ama. Simplemente da, a manos llenas. A ojos cerrados, sin esperar nada absolutamente nada cambio. El amor antes de ser un sentimiento es un valor. El amor simplemente se da se reparte con quien sea. Independientemente de quien sea la otra persona. Muchas parejas tienen una idea equivocada del amor, porque ya no se enchina la piel con la pareja piensan que el amor se terminó. Porque creen que el amor es sólo sentimientos.

Porque tenemos la oportunidad de dar es que tenemos el privilegio de recibir. Comprendiendo es como somos comprendidos. Es una ley universal. Ayudando a tener éxito, es como recibimos éxito. El éxito se mide por la cantidad de personas que hemos ayudado a ser mejores o a amar. El éxito es en cuántas partes nos hemos dividido, para entregarnos a otros. A cuantas más personas hemos ayudado más éxito hemos tenido y más felices seremos. De manera que el éxito es una realización del ser que se encuentra en la entrega a los demás.

Si diera todo lo que tengo de los pobres ya está sacrificado a mi cuerpo, podría darme de eso, pero si no amara a los demás no habría logrado nada. El amor es paciente y bondadoso, el amor no es celoso ni fanfarrón ni orgulloso ni ofensivo. No exige que las cosas sean a su manera, no se irrita ni lleva un registro de ofensas recibidas, no se alegra de la injusticia, sino que se alegra cuando la verdad triunfa, el amor nunca se da por vencido. Primera de Corintios 13, 3–7

El mayor éxito es saber amar a las demás, podemos haber desarrollado el máximo talento, podríamos haber desarrollado una empresa, podríamos tener todo el dinero pero si todo esto no lo hubiéramos logrado por amor, simplemente no es éxito. El amor en la balanza y la cinta métrica o el termómetro. El amor no exige que se hagan las cosas a su manera. ¿Cómo podemos resistirnos a alguien que ama? ¿Cómo podríamos decirle que no al amor? ¿Cómo poder golpear a esa persona que ofrece la otra mejilla?

En ellas el amor da fe seguridad de lo que se espera, por ende nunca se da por vencido. Piensa positivo, siempre habrá algo bueno en todas las circunstancias de la vida, porque tiene esa esperanza. Así concentras energía, en poner todo el esfuerzo. Haciendo las cosas con mayor excelencia, y felicidad. El amor es integridad, sólido y completo. Es el mismo en privado y en público, capaz de abrir su película personal en todo tiempo y en todo lugar. El amor es honesto, riqueza legítima éxito duradero, comenzando con uno mismo porque nosotros somos los seres que no podríamos engañar nunca. El ojo de la conciencia estará atento en todo momento, el amor es generoso. Da más de lo que la gente espera así. Siempre poniendo algo extra. En todos los sentidos, cuando se trata de un trabajo, ofrece el mejor servicio. Si se trata de tu talento, agregar tiempo a las prácticas de ensayo, si se trata de producto poner algo extra la medidas. El amor es humilde, la humildad es la ciencia que conquista a Dios y no digamos al humano, desarrollando la capacidad de dejar que los demás sean. Y todo se consolida con el carácter de levantarse en cada caída. Es decir tener un alma de acero sin llorar. Una persona con carácter es una persona llena de todos los valores qué puede poseer un ser humano y espiritual. En otras palabras, un ser espiritual es una persona que tiene carácter. Una persona con carácter es una persona que se rige por leyes universales. Principios universales que son leyes de la naturaleza. Una persona con carácter es una persona que vive en armonía con las leyes del infinito.Una persona con carácter es una sola pieza con el cosmos.

Capítulo 33
El corazón es una radio

"Las intuiciones son el susurro del alma" –
Jiddu Krishnamurti
*Una manera poética de interpretar la
naturaleza de las corazonadas.*

Inteligencia intrapersonal

Se trata de desarrollar una verdadera
conversación con el corazón. Y descifrar
un mensaje personal determinado sólo
para ti con tu nombre y apellido. Como
cuando recibes un regalo. Al desarrollar
esa capacidad de dialogar con lo más
íntimo de uno se facilita todo tipo de
comunicación tanto con los demás como
también con Dios. Incluso hasta con las
plantas y los animales. De manera
instintiva. Cuando se llega a este nivel el
universo conspira a tu favor.
Para lograr este nivel te puedes despegar
del egocentrismo. Le sigue la meditación
la relajación, Jesús pasaba toda la noche
en el monte de los olivos meditando a
solas alejándose del ruido. Juntando sus
fuerzas y escuchando la dirección de la
fuerza suprema que le enviará directo al

corazón. Éste es lograr la armonía de la idea de Dios. Entre más despacio el ritmo de vida más sintoniza mejor con todo. Si el carro está bien atiempado funciona perfectamente bien. Asimismo el ser tiene que tener armonía con el ritmo del universo, como una melodía. ¿Qué pasa si el ritmo nuestro se adelantara 10 tiempos Del compás de la música? Sería como que la música fuera reggae y tú bailaras merengue. Podríamos estar bailando al ritmo equivocado que no tiene nada que ver con el verdadero ritmo, que deberíamos llevar. Está perdido como una cabra en pleno parque

Si no se escucha el corazón, tampoco se podrá escuchar a las personas. Para saber escuchar al otro primero hay que aprender con uno mismo, ¿que está diciendo corazón? Cuanto más conozcas tu instinto con intuición, mejor conocerás lo que alguien más necesita comunicar. La comunicación será mejor. Qué hay detrás de cada palabra que llegue a los oídos. De esta manera podemos aprender a ser mentores y a dar consejos y desarrollar mejores relaciones..En cada momento consciente o inconscientemente estamos comunicando algo. Con palabras con signos. Pero siempre que usted sonríe estaremos emitiendo un mensaje. Cuando dice que quiere ser exitoso pero las acciones son hoy sí y mañana no el mensaje que se comunica es estoy confundido y hasta ni sé lo que quiero y el universo lo recibe y cierra todo tipo de oportunidad, o uno mismo la sierra. Porque las fuerzas invisibles son sumamente efectivas al leer tus mensajes. Listos con lo que estamos comunicando. El mundo te da lo que le arrancas poner fuerza y se tendrá recompensa.

Experimente, ¿qué le está diciendo el corazón ahora mismo? ¿Cuál sería ese mensaje? ¿Para dónde va tu vida en este momento? Si no escuchas muy claro lo que el universo quiere de ti. Sería muy divertido encontrarla, ¿no crees? Por ese momento de suspenso, sé que a todos nos gusta romper regalos. O leer cartas cuando una persona especial te escribe. Recuerdas cuando eras adolescente leías esas cartas hasta 100 veces emocionado como la primera vez que la leísteis. Debido a que estamos muy interesados en lo que dirá o lo que dice el contenido. Porque te hace sentir vivo y al mismo tiempo importante. Porque tu vida está jugando el papel que siempre tendría que jugar,tiene sentido, sabor, porque tu persona está en el juego de la vida.

Mensajes que sólo tú conoces

Los libros y conferencias, sólo nos pueden dar pistas. Además yo podría decirte si quisiera. Pero el mensaje es auténtico es porque tú te sumiste a la búsqueda y lo encontraste. Por ejemplo: una pareja que enfrenta dificultades, la esposa se queja que el hombre no hace ningún esfuerzo por lograr las cosas, ni se comporta romántico. Los libros pueden aconsejarle que sea romántica primero antes de esperar respuesta de su esposo.. Pero después de un mes la mujer se cansará por el esfuerzo doble y el peso de la tarea. Puede que tenga algunos resultados, pero su misión se volverá más eficaz si escuchara su corazón que le dijera esa misma acción. Tomar una Determinación personal. Todo está dentro de nosotros sólo hay que buscarlo.

No existe el plan perfecto

Sólo hay que dejarse llevar por el corazón. Independientemente de lo que opinen los demás. La transformación de cada uno es obligatoria porque estamos en el camino, y sólo así se puede mantener avanzando. Nadie puede decir que este plan funciona para el éxito. Simplemente es la transformación, y para cada uno es diferente. Porque estamos en diferentes niveles del camino.

Tu mejor amigo

Tu corazón es tu mejor amigo, siempre está contigo en todo momento, obvio. Y se preocupa por todo lo que te pasa a ti. ¿Pero, te has preguntado cómo está tu corazón cuántas veces ha llorado contigo.? Cuántas veces se ha quedado con mensajes que nunca fueron escuchados por ti, pero que moría de alegría por entregártelos. Sin embargo fue ignorado una y otra vez o tal vez aún sigue siendo ignorado.
Sabes cuántas veces te salvó la vida. Evitando caminos o accidentes. Cada persona que amamos, cada belleza que apreciamos, cada sonido que escuchamos son porque tenemos corazón. Sin él nada de esto fuera posible que pudiéramos apreciar. El corazón es una parte muy importante por que ahí es donde existe la transformación del ser.

Nuestro emisor

La constancia es decir la repetición de las cosas sin desistir, encierra un mensaje poderoso, con el que nos comunicamos con Dios. Un mensaje de conquista, un lenguaje de carácter, un lenguaje de amor, un lenguaje de hijo de la esencia infinita. Y adivina de donde tiene inicio todo de este poder. Así es ;sólo del corazón.

El punto es que nuestro gran amigo es nuestra cabina de radio por el cual nos comunicamos Con lo más alto y al mismo tiempo recibimos dirección, Con misiones sueños visiones. Así es que caminamos correctamente. ¿Qué querrá Dios de ti cada día? Con tu empresa, con tu familia, con tu vida, porque cada minuto el mensaje tiene que ser específico. Seres vitales conocerse a uno mismo y tener comunicación constante con el infinito es imprescindible

El verdadero éxito

Dando es como recibimos. Los demás seres humanos existen para darle sentido a nuestras vidas. De manera que los demás tienen como propósito saborear nuestras vidas si así lo decidimos.
Tu existencia lector me hace sentir tan satisfecho, me da felicidad. Mil gracias por leer este libro, gracias por darle sentido a mi vida. En eso se basa el éxito en conquistar más corazones nuevos y si dañastes alguno reparar sus heridas por medio del perdón y la humildad. entra a las cuerdas frágiles de miles de corazones que te deambulan por la vida. Cada sentimiento de odio, rencor,soledad y amargura, son una oportunidad para impactar. Este mundo se Presta Hoy más que nunca para que seamos exitosos.

El que se encontró con sí mismo entiende a los demás. y sabe que su vida se resume en cuantos corazones vives. Quienes te recuerdan de manera positiva ¿Por qué los hayas impresionado con un acto de amor?. El haber ayudado a otro ser es un don que nadie te lo puede quitar. El carácter que te dio el proceso de vencer el miedo Y el placer nadie te lo puede quitar. Es un precio invaluable. Construir en roca como dice la parábola de Cristo es adquirir los valores, que garanticen la solidez. El éxito es la persona que se ha desarrollado en ti, la felicidad de haber dado todo y logrado la transformación alejada del miedo y apego en esta vida temporal.

Capítulo 34

¿Dónde está tu corazón?

"El corazón tiene razones que a razón ignora" Blaise Pascal
Hay una lógica propia en todo aquello que se hace desde el amor.

Le pregunté a un niño menor de seis años: ¿dónde está tu corazón? y me respondió tocándose el pecho que el corazón está en el lado izquierdo.
Si esta pregunta te la hicieran a ti, ¿Qué responderías? ¿Dónde está tu corazón? ¿Está contigo? ¿Está en el lugar dónde te encuentras ahora mismo? ¿O en el día que marca el calendario como presente con hora minutos y segundos?
O lo tienes en el trabajo que desempeñas o está con la persona que vive contigo ahora mismo. ¿O ya tiempo se lo llevó algo o alguien más? ¿Cuándo lo recuperarás? ¿Qué más quisieras experimentar en este mundo que aún no se ha podido?
¿Si tu vida terminara hoy valdría la pena haber vivido? Seguramente tú corazón está esperando lograr muchas cosas más.

Ahí en lo que sientes y piensas ahí está tu corazón. ¿Ha sido hasta hoy de mucha satisfacción, las aventuras que has vivido? ¿De qué manera pudieras darle más emoción más dinámica más satisfacción sana a tu vida? ¿Qué te apasiona qué te hace perder el tiempo y el espacio cuando lo haces? Recuerda que tú eres atención enfoque alma y si algún momento la pierdes que sea por algo bueno que te lleve a vivir al máximo nivel.

Esta reflexión hizo al seminarista comenzar una nueva etapa de su vida, además de una conversación que tuvo con el
Líder de la iglesia que le dijo que se tomará un año entre la filosofía y la teología para asegurarse que estaba en la vocación correcta. Con la idea de cuidar su felicidad. Y que tuviera la opción de ver otros caminos. Al final que era una regla de la iglesia.
El aceptó la propuesta gustosamente, Tomó un año de prueba, libremente en el mundo. Tomando en cuenta que ya no sentía pasión por el llamado. Mi corazón no está conmigo se fue con Elisa. Ella me robó el corazón. O ella se quedó viviendo conmigo. Me sumiré en la búsqueda de ella. de esta manera el seminaristas se montó en un barco de una nueva aventura. Voló directamente Estados

Unidos en la isla Honolulu, pero no encontró ninguna evidencia que hubiera estado ahí, así que voló a la capital del mundo New York, quedó admirado de la cantidad de edificios como espesas montañas en las calles de Manhattan. Boston Massachusetts Washington Raleigh north Carolina Atlanta Chicago Colorado miles de túneles dentro de agua y montañas. Puentes largos y empinados y maravillas modernas con las que cuenta este maravilloso país Estados Unidos. aunque es un país enorme su pasión de encontrarla no se disipaba. Al final en Houston le informaron que podía encontrarse en Nashville, Tennessee. A lo que se dirigió sin demora a ese lugar a 14 horas en carro. Medio nervioso y muchas veces con miedo de cómo podría terminar la experiencia avanzó. Practicando en el camino Como iban hacer sus primeras palabras al encontrarse frente a frente. Sólo quisiera escucharla y tenerla de nuevo a mi lado, Las canciones románticas no podían dejar de sonar en el viaje. bien finalmente el GPS anunciaba 20 minutos para llegar a su destino. Mientras sonaba la canción *One love* de Bob Marley. Podía sentir lo caliente de la sangre que corría por sus venas de pie a cabeza mientras avanzaba el tiempo y la distancia al aproximarse a 70 millas por hora. gire a la derecha y al final de la carretera su destino estará a la izquierda, finalizó el GPS que lo mantenía nervioso

En resumen

El propósito de esta tercera parte es comprenderme, y decir: ahora entiendo porque hago todas las cosas de determinada manera, ahora entiendo por que soy así, ahora entiendo para qué tengo tales defectos, ahora entiendo mis debilidades hacia donde me están dirigiendo.

Aceptarme, darle la bienvenida a tu mismo ser en tu corazón. Es decirle a ese ser que siempre habías rechazado, cuanto te quiero perdóname por haber tenido esa guerra interminable contigo de rencor y odio mientras tuve que dormir contigo porque estábamos juntos en mi mismo cuerpo.

El mejor tipo de amor es aquel que despierta el alma y nos inspira a más, nos enciende el corazón y nos trae paz a la mente.

Parte 4 ACTITUD

Superarlo. La vida práctica. Lo físico y visible

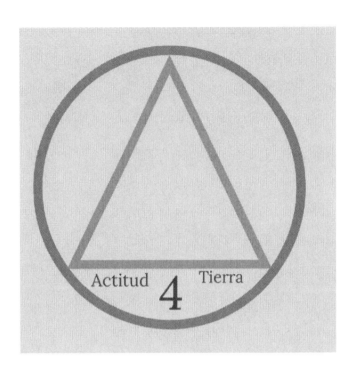

Capítulo 35
Conversando con el corazón

Girar a la derecha y al final de la carretera su destino estará a la izquierda. Sonó el GPS del carro del seminarista. Por un momento, el muchacho pensó en irse a dar una vuelta, para relajar los nervios ya que el espejo decía que lucía pálido y ansioso.

Era otro país lejano y había pasado algún tiempo lejos de su amiga. Por fin tomó valor después de arreglarse el peinado, se dirigió a la puerta, adoptando un caminado con estilo juvenil. Después de tres minutos de esperar en la puerta, una linda muchacha abrió la puerta:

– ¡Hola! Que milagro verte por aquí. Pasa adelante. Tiempo sin verte – igualmente si solo me preguntaba si Elisa ¿Tu hermana vive por aquí contigo? –Sí aquí vive conmigo deja ir a ver si está despierta, porque está en su cuarto – Elisa gritó te busca un muchacho – ¿quién es? –Dijo Elisa –Ven para que lo veas. –Dile que espere un momento ahorita salgo. –Siéntese ahora le traigo algo de tomar mientras viene mi hermana. –Si por favor regálame agua. Con temblor en las rodillas que sabía disimular. Por un rato el tiempo se detuvo y las emociones recorrían su cuerpo a mil por hora. Cuando de pronto salió Elisa subiéndose el pantalón hasta el ombligo. Y al mismo tiempo queriéndose amarrar el pelo con una cola. –El momento tan esperado del muchacho había llegado. Cuando se cruzaron las miradas vaya que sorpresa.

–Hola, ¿Cómo te puedo ayudar? –dijo ella. Con un tono frío. Por un momento cruzaron miles de pensamientos por su mente. Hasta salir por la puerta e irse.Tanto así que el discurso que el seminarista había preparado ya se le había olvidado por completo. No recordaba ni tan solo una palabra. Tragando saliva se esforzó por no desmayarse tomándose del marco de la puerta más cercana.

–! No te acuerdas de mi! Tartamudeo –La verdad no, ¿quién eres? Replicó Elisa. –El seminarista bajo los brazos como con ganas de llorar y ahora si de marcharse. La emoción de alegría se había convertido en tristeza. Elisa lucía más linda que nunca, el corazón del seminarista ya ni entendía lo que estaba sucediendo, se acelera y se detenía con palpitaciones más notables. Sorprendido por el olvido de ella.

Sin más palabras se dirigió hacia el carro para regresar por donde llegó. Pero cuando se aproxima. Una risa de Elisa resonó detrás de él. –Claro que me acuerdo de ti papito guapo no seas ingenuo y tontito, como es típico de ella estar bromeando. Ven adentro vamos a platicar de los sueños y la vida.

– ¡Qué susto me hiciste pasar te he buscado por todas partes! ¿Y el seminario? Preguntó Elisa. – ¿Qué pasó? ¿Cuándo lo dejasteis? Estoy en un año de libertad como en propósito de que esté seguro que es eso lo que quiero o si quisiera tomar otras decisiones. Y me he dado cuenta que pasas por mi mente a cada instante aunque te hayas casado. Al menos quería volver a verte.

– ¿Quién te dijo que yo me había casado? Tas loco a lo mejor te lo dijeron para que te alejaras de mi. Y no estropear tu camino y el servicio a la iglesia.

A mi también me trajeron a este país para distanciarme de ti y no ser un tropiezo como te dije. Pero un buen amigo no se olvida, siempre he pensado en ti. Y si está aquí puede ser que sea para vivir nuestros sueños. Así que hoy comenzamos una nueva historia.

Cierra los ojos Elisa –Si aceptas un beso significa que podemos ser novios de hoy en adelante. Ella cerró los ojos y cuando los abrió ya era madre de dos lindos niños, Ashlee y Ely. Disfrutaban la vida al máximo, pesca al viajar y dormir en hoteles, pasar tiempo juntos en familia, cada noche. La mente cada día que se distancian para hacer sus obligaciones, se juntan los cuatro y se daban un abrazo en equipo. Idea que nacía del valiente Ely, el hijo menor. Ashlee adora pescar y Ely caminar en la jungla.

El tiempo transcurrió muy rápido

Una noche de martes Ashlee esperaba por su *daddy* para el abrazo de buenas noches antes de acostarse, detrás de ella se enfilaba Ely también. Lo extraño fue que ese día el padre puso su oído en el pecho de Ely. Su corazón estaba latiendo como a mil por hora. Como anunciando algo que estaba por pasar.

Capítulo 36
En la cápsula de la transformación

"De las dificultades nacen milagros " Jean De La Bruyére
En los momentos difíciles yacen oportunidades que parecen imposibles.

Ely había detectado lo que estaba a punto de suceder. Solo él podía instruir que está a punto de comenzar una nueva etapa que marcaría la historia. Y que sus cuerpos tardarían en volverse a encontrar. Y juntarse como lo hacían antes.

30 minutos después la policía y migración tocó la puerta. Con una orden de arresto en la mano. Los niños ya dormían no sabían que se llevaban a su papá. Nadie sabía que estaba sucediendo en ese momento.

–La amo mucho fue lo único que escucho Elisa de parte de su esposo queriéndola abrazar con las manos esposadas. Por lo consiguiente Elisa solo lloraba desmoronada por lo que estaba sucediendo. En aquella noche fría. Le llamó la noche más fría. Bien fría por dentro y por fuera. Dame calor o Dios mío que me congelo. Solo hazme sentir que me amas aunque no haya desarrollado la mejor parte de mi. Que congelante momentos son los que se tienen que pasar. A veces conscientes, a veces sin querer te encuentras en los peores momentos. Esos que todos odiamos pasar. Al pensar que causas muchas tristezas a terceras personas o mejor dicho a todo el entorno. Te caes. Te derrumbas. 500 mil metros más abajo del fondo. Especialmente cuando ves al ser que más amas llorar.

Ya había una orden de deportación de migración ya no se podía pagar la fianza. Fueron los comienzos de una gran odisea de la transformación.

En un mensaje de texto que Elisa mandó decía: *me siento tan mal todo lo que están pasando ellos no pueden asimilar esta soledad y no sé hasta cuándo durará.* Ashlee decía por teléfono: *papi regresa pronto no podemos seguir sin ti.* Se nos suman tantos problemas que contigo serían más fáciles de solucionar. Te necesitamos *daddy* has lo que sea para salir de ahí.

Mientras que Ely tuvo que llevar una foto de los 4 miembros de la familia a su escuela y mantenerla en el pupitre. Para poder tener la atención enfocada en la clase y poder sentir el calor de la familia cerca de él. Su *daddy* le preguntó por teléfono a *Lion King.* ¿Por qué tienes que llevar la foto de nosotros? Es que dice la maestra que no me puedo concentrar. Mi mente se me va. Se me pierde en las ideas. No tengo mi mente en clase decía Ely de 9 años de edad – ¿Y en qué piensas hijo? En ti papi, con una voz muy fina por el llanto que tenía. Quiero volver a caminar contigo por la jungla.

La sangre corría caliente por todo el cuerpo. Era mejor desaparecer. Morir por completo.

No podía borrar la imagen de su familia en dificultades. Partido el corazón en mil pedazos.

Hasta la mascota de la casa (Nesil)cruzaba por eternas tristezas. Pasó 8 meses debajo de la troca de su amo esperando su regreso. Aún cuando esa troca fue vendida permaneció echándose en en el mismo lugar por 7 meses más. Sol, agua y frío. Después de ser amable con todo el mundo, se volvió agresiva y comenzó a atacar a las personas. Y su comportamiento fue completamente diferente, caminaba con las orejas bajas y nunca volvió a menear la cola. Eso provocó que el dueño del lugar donde rentaban expulsara la pequeña familia del hogar. Se sumaron grandes cuentas y por consiguiente grandes deudas. Es decir sobregirados. Teníamos que buscar donde vivir ya que se encontraban en la calle con todo y mascota. Pero dolía mucho quizá más no poder hacer nada.

Reflexión hace que caiga el 20

Lo tenía todo en la vida y otro día ya no tenía nada, dice el seminarista Una mañana desperté y la mente me comenzó a reclamar. ¿Mira dónde estás? No vales nada, estás completamente solo ni tus hermanos se acuerdan de ti, habían pasado 4 meses de duras experiencias y solo mi pequeña familia de 4 se interesaban por mi.

La mente seguía diciendo que tenía toda la razón que no tenía sentido mi vida. Si no tenía lo que más amaba conmigo. Me fui dejando llevar por el falso yo que me hablaba. Qué sentido tiene levantarse comer para que seguir adelante le perdí el propósito a la vida. Comencé a deprimirme y a dejar de comer hasta el punto de ver que todo lo de tu mesa y pared se movía y caminaba sostenido Algo debido al mareo muchas veces pedí a Dios que no amaneciera el próximo día. Por último no me bañe después de 15 días vi una pared que tenía un filo se me cruzó la idea de quitarme la vida. La oportunidad y el momento oportuno de terminar con todo.

La decepción y el miedo se aprovechó de mi los abogados Solo daban malos pronóstico. El dolor de estar lejos de mi familia hacía trizas mi corazón, el apego no era de menos. Obligadamente tuve que comenzar la transformación,digo comenzar por qué ese cambio dura toda la vida. De mi parte lo que quería era romper un lugar y escapar de ese sitio. Tomar el camino más fácil y corto. Especialmente cuando uno no quiere por su cuenta experimental dolor

El cambio

En el momento de observar el bloque con filo, también otra parte de mi cerebro junto con el corazón me dijo. No tomés las cosas a la ligera mira el futuro pues cuando los niños estén grandes y recuerden ese hecho de que tú optaste por el camino más fácil para solucionar las cosas y se den cuenta lo cobarde que actuaste. Esa misma forma de actuar la marca de ellos para solucionar también sus problemas, Tú eres la pauta de tus hijos. Es tan sencillo como pueda marcar todas las generaciones futuras es mejor que la marque para bien. Además la mente siempre se imagina lo peor.
Si toma la decisión de enfrentar la adversidad frente a frente, y es una responsabilidad que te toca, también tus hijos lo harán así. Harán siempre lo correcto y también marca la generación de manera positiva y no solo tu generación sino la de muchas personas.

Se sentían orgullosos de cómo actuaste. El mundo siempre te presentará dos opciones la carrera fácil y la difícil lo correcto e incorrecto tú decides cuál tomar.

Por el momento que tome la mejor decisión, decidí escribir mi propia película con su propio final, la película de mi vida. Me tomé un largo baño,Y cuando salió tome una comida y una vitamina me levanté de un salto y comencé a correr alrededor de mi cama, me comprometo conmigo mismo. Me prometo a mi mismo nunca rendirme. Y subir la colina y llevar a mis amigos y familiares conmigo a que tomen el mismo ímpetu de luchar. No permitiría fallarme a mí mismo. Estaba convencido de que prefería caer muerto antes de no haber logrado el éxito. Era todo lo contrario dispuesto a morir pero luchando no por cobarde.

En este instante que me decidí, tomé un papel y una tinta y llame a cinco personas más importantes para mí, y le pregunté cuál es la habilidad más importante que ven en mi. Copié las cinco indicaciones y las observaba todos los días. Decidí vivir el día a día y cada día me comprometo con pequeñas metas que tenía que lograr, era una promesa conmigo mismo no con nadie más. No podía darme el lujo de fallar. Tenía voluntad y tenía que seguir acrecentando. Se me había metido en mi corazón salir adelante tarde temprano. Y sabía que sólo de mí dependía. Este tiempo ha sido difícil aún después de un largo tiempo, cada día seguirá teniendo sus batallas. A llegado el momentos que no quiero seguir, Pero me alentaba Robert kiyosaki cuando en sus libros dice: " *cuando pases por el infierno sólo avanza un paso tras otro paso Pero no te detengas*". Nunca me he fallado desde el momento que me determine. Sin peros cada pequeña meta que me propongo cada día. Tengo fe en ese principio que dice 1 km de recorrer dando el primer paso avanzando pasito a pasito.

Capítulo 37
Un compromiso al cambio

Somos lo que hacemos repetidamente.
Aristóteles
La práctica es lo que va formando nuestra propia identidad

Mis Pequeñas metas del día a día

La primera meta que estuve dispuesto a cumplir que era de orar hincado cuatro veces al día una en cada comida y la última enfrente de la puerta suplicándole a Dios que me abriera pronto.

La segunda meta es meditar 30 minutos dos veces al día para encontrarme conmigo mismo y escuchar el corazón. Si Dios me manda un mensaje. Después de terminar el silencio intentaba quedarme dormido y escuchaba conversaciones de mi mamá, esposa e hijos. Podía conectar mi mente con la de ellas.

La tercera meta que me prometí cumplir fue la de leer todos los días y sacar apuntes más importantes, para repasar leí de cuatro a ocho horas al día. Lo que fuera necesario. Yo quería convertirme en una persona mejor y tenía que prepararme todos los días.

La meta número cuatro era escribir todos los días, aunque sea una página con inspiración o no. la meta era escribir.
Lo que se me viniera
a la mente. Debo reconocer que aquí con toda la mala energía que hay cuesta ser positivo. Tuve que tirar miles de escritos, que cuando leí otro día sabía que no lo necesitaba. Me había enfocado en él éxito y en este libro y tenía que terminarlo. Y la única forma de lograrlo era todos los días.

La quinta meta que me puse es obedecer a la autosugestión, hablándome a mí mismo, se me ha pegado tanto que a veces me encuentro conversando solo. En la experiencia sentí que fue más efectivo hablarme frente al espejo. Lo más seguro es que tiene el mejor resultado porque se usan tres sentido del oído, la vista y el tacto cuando tocas el pecho y te dices yo soy ganador y merezco el éxito. Parecía loco me decían los compañeros y me daba pena que me vieran hablando solo, a veces hasta conmigo mismo. Si se pudiera involucrar a los cinco sentidos sería lo mejor. Por eso la experiencia es la mejor manera de aprender.

Cuando le sumas emoción a las cosas, por dentro se da la transformación.

La sexta meta es hacer ejercicio, y tengo un problema con mi cintura de una caída de un árbol cuando era pequeño y cuando llegue el frío tiende a dolerme demasiado. Pero ni eso me detuvo hacer 150 lagartijas, 150 abdominales, 150 sentadillas y caminar una hora cada día. Me dolía mucho pero quería mantener la excusa fuera de mí. Dos veces me dio coronavirus y ni eso nos detuvo. quería ser un campeón. porque los libros decían:" nunca he conocido a un ganador que viva poniendo excusas. Y además mantendría saludable mi corazón y la mente. Ponía a prueba la disciplina y el carácter. Y hacer lo que se predica.

La séptima meta que me puse fue la de revisar el plan de vida todos los noches, 10 filosofías o reglas que redondearon mi vida, en lo que quería ser. Me las sé de memoria pero la sigo viendo cada día que me acuesto a dormir en el cuaderno y echó un vistazo para que me mantenga en la línea o el surco y no desviarme en el camino hacia donde me dirijo. Esta meta es como mi GPS y mi satélite. Junto con mi mentor. En el próximo libro escribiré cuáles son las 10 filosofías para mantenerse enfocado. Todas se necesita y me han servido mucho también te pueden servir a ti

La octava metas que me propuse fue de llevar un registro diario, un examen de crecimiento, de las metas cumplidas y como me iba sintiendo. Copiando todos los días la misión de mi propósito. Mi visión, mi táctica y mi técnica. Todo está registrado con fecha. Y de remate lo dice con mi mano izquierda para ver cómo cada día va mejorando la letra. Y argumentar la teoría de que si no te cansas de dar un paso tras otro un día llegará. Los primeros escritos como niño de primaria. Ahora sonel mejores. escribir con la mano izquierda no tiene nada que ver con el éxito pero para estudiar el Progreso a mi me sirvió.

La novena meta que me propuso de leer la biblia todos los días al menos dos páginas y estudiar cuáles eran las características de la persona que Dios elegía, cuando quería que desempeñe una misión. Subrayé la biblia de punta a punta y la he leído tres veces y en cada vez encuentro un mensaje diferente. Después de escribir sobre emociones y la conciencia,

La 10ª y última meta fue hablar con mi familia y textear todos los días e intentar paulatinamente ser más cariñoso y tener más comprensión. Sigo luchando con esas metas y otras que sume.

Capítulo 38

La sociedad vive encarcelada sin paredes

Uno puede tirarse a dormir todos los días ahí en ese sitio porque nadie los obliga a que haga algo. En mi caso estaba encerrado, no era mi decisión estar ahí, podía volverme a caprichos. Alguien podría decir o ahi cualquiera descubre su talento Por qué hay tiempo para tirar para arriba. Pero mientras otros desperdiciaban su tiempo nosotros lo aprovechamos al 100. Vi muchas personas salir y afirmar que jamás iban a volver. Y tres semanas después estaba de regreso. No es que nadie sea mejor, es que ellos no tenían una ventaja que podríamos tener algunos, tener conciencia. El caso es que ellos decían que iban a cambiar su vida de ese día en adelante. Pero dormían como cenicienta. La libertad les da miedo. Salir afuera es el peor castigo que se le puede dar a una persona que se acomodo a la seguridad que es lo que da este sitio. Y un 90% de la sociedad vive encarcelada aún estando afuera de una pared. Libérate y contempla las maravillas qué hay a tu alrededor y aprovéchalas.

Muchas personas cuando se les habla de ser libres sienten tanto miedo que corren a meterse de nuevo a la caverna. O tal vez nunca sabrán que están presos porque nunca conocieron la libertad. Una pared no te pueden tener preso, cuando conoces la libertad. Y vivir al aire libre no siempre significa que eres libre, cuando no lo de la cerca para de admirar cada detalle del mundo, cada hoja del árbol verde rojo amarillo, animal que se Camuflajeada por la jungla y las nubes atravesar el sol, y la luna enrojecerse después de haber sido un cachito de ternura. el agua deslizarse hacia el océano. Cuando podemos apreciar el rostro de Dios en cada ser humano, en el rico en el pobre ancianos niño en el hambriento, cuando no sabemos leer las necesidades de cada ser humano con sólo ver sus rostros y de comportamientos.

Cuándo no somos capaces de soltar lo que tenemos sabiendo de lo que tenemos ha sido sólo con un propósito; de ponerlo al servicio de los demás. Nada de lo que existe tiene un dueño terrenal, todo lo que existe es de Dios. rompe las cadenas de las prisiones y libérate.

La prisión mental es en realidad la que hunde al ser humano.

Si quieres un cambio tenés que hacerlo ahora en tiempo presente, mañana no existe. Donde estés con quien estés como estés. Se hacen ahora o nunca se hace. Sencillo, todo se tiene que provocar porque el momento perfecto nunca llegará. Donde sea que estés aprisionado se está fuera o dentro de una casa.

La prisión más peligrosa es al aire libre. Por lo confuso que es. Tienes la capacidad hasta de sobra de liberarte. Solo toma la decisión. Que no dejarás de luchar hasta ganarlo. Busca en tu corazón esa fuerza, el poder está en ti. No importa que tan adicto estés con tus malos hábitos, sólo persiste mucho, cree en ti, y si de algo te sirve te dire que yo creo en ti tú puedes. Sabemos lo extraordinario que es el ser humano. No le importa si no tiene papá ni mamá ni familiares Si estás solo,considérame tu familia y también tú puedes, tú serás el próximo que inspirara el mundo, por haber salido, desde ese hoyo tan profundo. Toma la decisión de comenzar y esa misma decisión de nunca rendirte así caigas 50,000 veces ya tú decidiste que jamás dejaras de luchar por ti y tus descendientes.

Capítulo 39

Lo que me ayudó mucho, el mercadeo en red

Las redes de mercadeo se han consolidado como uno de los modelos de ventas más exitosos de las últimas décadas, con casos de éxitos de personas obteniendo ganancias muy interesantes en ventas, comisiones y bonificaciones.

Pese a que su origen se remonta a la década de los 40 's, hoy en día el marketing multinivel o network marketing, continúa siendo una alternativa para alcanzar determinados objetivos financieros.

¿En qué consiste este modelo de negocio? En esencia, consiste en vender productos de forma directa construyendo redes de mercadeo entre distribuidores que propician una relación gana–gana para todas las partes.

El reconocido autor Robert Kiyosaki, famoso por escribir valiosos libros para emprendedores como *Padre Rico, Padre Pobre*, o *El Negocio del Siglo XXI*, ha

244

asegurado que el mercadeo en red es el mejor modelo de negocios para disfrutar la vida de tus sueños.

Para mí es la mejor oportunidad que he tenido en mi vida. Si no hubiera sido por esta oportunidad que me presento un amigo el escritor de la introducción de este libro filósofo economista y teólogo : Gilson Quintanilla.

Quién sabe si hubiera superado esta prueba o si le hubiera sacado el mejor provecho. Antes de haber llegado aquí mi esposa y yo ya estamos teniendo el resultado de una compañía de mercadeo en Red que ocupa el primer lugar en el mundo. En un año bien trabajado, habíamos logrado el primer nivel distribuidor directo. Ya llevamos dos años leyendo libros de superación personal, libros de parejas, de finanzas y de liderazgo. Toda empresa de multinivel cuentan con un sistema educativo, bueno la mayoría. Que yo te diría a ti y a mi socio yo una compañía de multinivel entro aunque no me paguen. Hasta de gratis, aunque me toque pagar a mi me quedaría en esa oportunidad. Porque se trata de sacar lo mejor de ti y de mí y eso es todo lo que el mundo quiere necesita, se trata de pulirse poco a poco, crear el mejor lado de tu personalidad y presentarlo como ejemplo del mundo. dime. ¿Quién no quiere ser mejor?

Que al final y al cabo lo que te sirve no es sólo el dinero que te pagan que es tentador las cantidades. Sino que te llegues a dominar tu mismo, para saber manejar de manera sabia a todos los demás. Desarrollando liderazgo, buenas relaciones, actitud, carácter y otras muchas habilidades. Si no estás en una compañía de mercadeo en Red o no has estado conectado al sistema educativo por un año, creo que te estás perdiendo de una gran oportunidad. Te estás perdiendo lo mejor. No te puedes ir al cielo sin probar esta energía de este sitio de negocios, que además son de negocios del futuro cercano. Es decir ahora por la tarde.

Otra cosa invaluable es que estas compañías no te ponen un límite de llegada, una graduación como lo tiene en la universidad, y este en todo tanto como en niveles de tanto como en dinero. Tú lo puedes llevar hasta donde tú quieras, nadie te puede detener o decir que tienes que hacer. Eres el dueño ahora si de tu propio negocio, De la mejor forma ayudando a otro te ayudas a ti mismo. Otra cosa que más me sorprende es que es un dinero residual, lleva todos los meses cuando ya construiste el negocio nunca para llegar, hasta por tres generaciones mes tras mes.

El mismo sistema se encarga de sostener la distribución. Funciona como un robot, no tienes que tener oficina, ni de sentarte a trabajar a ningún lugar, sí tú no quieres. Éste negocio es el de la era de la información, y es más sencillo que cortar grama, limpiar casas, cocinar en restaurantes. Y una predicción que se maneja es: el que no entra hoy entrará mañana. muchos ya compran en línea y no ganan ningún centavo, porque no estás

Informado o porque creen que los van a robar, otros hacen el negocio y no se dan cuenta que lo están haciendo de gratis, por que compran en otras tiendas donde no ganan dinero.

Recuerda que todo cambia, como es hoy no será mañana, los trabajos se van terminando. Mi esposa y yo nunca nos soltaremos de este sistema, día y noche con audios,libros y eventos. Escuchando gente que tiene éxito. Y repetición tras repetición. Entendí bien que un libro no ayuda al que me lo recomienda. Ayudará al que lo lea. Hasta aquí dentro temporalmente nunca me desconecte del sistema mi esposa nunca dejó de mandarme el libro del sistema y otros más. Leía como cuatro libros al mes y los repasaba tres veces y otro porque me gustaba tanto lo leí siete veces se llama: *El cuadrante del flujo del dinero* de Robert Kiyosaki.

Éste sistema me ha ayudado mucho, siempre donde quiera que vaya me reuniré con estas personas positivas soñadoras de la compañía de mercadeo en Red. Le debo tanto a ellos porque han depositado mucho en mí que sólo acordarme me llena de melancolía. Le agradezco a mis mentores Gilson y Carolina Quintanilla porque siempre han estado conmigo. Néstor y Nancy Cardona viajaron en más de tres ocasiones ocho horas de viaje. Eso sólo se puede encontrar en este tipo de negocio es un modo de pensar diferente y son muchos que no alcanzaría a mencionarlos a todos.

Gracias a esta oportunidad mi esposa y mis hijos nos encontramos unidos muchas familias de mis socios

hay muchas otras cosas más pero quisiera que tú te desengañes por tu cuenta.

Ya apenas comienzo Y si Dios me lo permite moriré preparándome en este sistema junto a mis seres queridos y acercando más gente que esté dispuesta a cambiar y a convertirse en una persona que siempre han deseado. No es fácil y por eso es que nos gusta.

Te reto a que te conectes a esa educación por un año antes de hacer algún juicio acertado a este tipo de negocio.

Capítulo 40

La misión para los socialistas y capitalistas

No heredamos la tierra de nuestros antepasados. La legamos a nuestros hijos. Antoine de Saint–Exupéry

El lugar donde nacen los niños y mueren los hombres, donde la libertad y el amor florecen, no es una oficina ni un comercio ni una fábrica. Ahí veo yo la importancia de la familia. Gilbert Keith Chesterton

Cuándo se trabaja en uno mismo te conviertes en centro de magnetismo de atención, todas las cosas del mundo son atraídas hacia ti. En ese punto que está haciendo admirado que ilumina en medio de la oscuridad, de manera que en lugar de perseguir el éxito sabemos que nunca lo podrás atrapar, Por lo tanto sabemos que mejor atraerlo y que le quitó lo atrape a uno mismo. Si tu trabajo en ti es el éxito o tú eres el resumen del éxito.
Cuándo el ser se transforma beneficia a la familia y cuando se hace cualquier sacrificio por la familia Dios es nuestro

mejor aliado. No hay cosa que le cause a Dios tanta pasión y éxtasis que una pareja hombre o mujer que se aman. Cuando se es amoroso con la esposa Dios está a nuestra disposición, cuando se ama a la esposa no hay nada más que necesites conquistar. todos lo exitosos lo llegaron a ser por dar un buen trato a su esposa y si es soltero fue porque trato con amor a las demás personas. Desde mi punto de vista la puerta del éxito de una familia entra por medio de la esposa. Es el corazón de un hogar. Nuestra misión se está inclinando por la familia porque en este cambio de era Nadie le da la importancia al matrimonio, de hecho esta es una palabra pasada de moda, las pocas familias que se conservan,tienden a darle importancia a divorcios. Muchos jóvenes dicen que casarse es la tontería más grande que puede existir, las infidelidades pasan a ser algo tan común tanto en el hombre como también en una mujer. En ciertas ocasiones hasta están de acuerdo que porque debemos tener la mente más abierta pronto en la nueva moda o que debemos irnos acostumbrando. Muchos niños crecen sin conocer el amor de un padre y necesitando un tan solo abrazo. Con una palabra de amor y de empoderamiento, para esos niños van nuestro precio que en cada momento van anhelando la compañía de un padre. Mi esposa y yo optamos por la familia porque sin duda es por el cual el mundo aún se sigue sosteniendo, eso lo es todo. Sin la familia todo estaría concluido. Optamos por la familia porque en el diluvio cuando Noé, Dios se encargó de salvar una pareja de cada vez. Es decir optó por la familia y la procreación.

El hogar siempre ha sido una prioridad en el pasar de los tiempos. Jesús se casó con la iglesia un grupo de personas reunidas representa la esposa de Cristo y formamos un solo cuerpo, la familia de la misma manera forman el cuerpo de Dios. Ya que ambos según Dios eso es ni más ni menos es unión. La familia es la empresa más importante que alguien necesita cuidar.

Todo lo que vivimos en este mundo también somos parte de una familia. Tanto en la monarquía como la burguesía y el proletariado unidos como una familia somos responsables de mantener la paz del mundo y salvar nuestro hogar nuestro planeta. Si alguna vez se ha llegado a poner en peligro nuestro planeta es porque hemos olvidado lo que somos.

Los animales forman parte de esta gran familia, así sea el animal más feroz desempeña un papel muy importante en la cadena alimenticia y tienen derecho a existir. Derecho a tener un hogar a desarrollar su propósito en esta vida, tiene derecho a ser protegido por el Superintendente de esta tierra el hombre.

Conocí un hombre que tenía 1 caballo, que le ayudaba sustentar su hogar, lo utilizaba para jalar productos con una carreta, la cual la sobrecargaba y aligeraba al animal con la punta del machete, hasta hacerla sangrar. Ya el pobre animal camina de lado como queriendo escapar de dicho castigo. yo cuando lo vi quede tocado el corazón que no le pude decir nada además el tipo tenía fama de peligroso. Un tiempo después Me contó un amigo que un día canso tanto al animal por la carga exagerada y en largo camino y las temperaturas del sol que sobrepasaba los 100 °C más el castigo que el hombre le causaba al animal lo llevó hasta el límite que el caballo que le daba de comer cayó al suelo. por la falta de agua, con la carga encima tirado en el pavimento el caballo había muerto.

¿Si somos una familia cómo puedes seguir pasando esto, porque no nos protegemos entre nosotros mismos?. Porque unos seres vivos han llegado a estar tanto en el otro extremo, del sufrimiento. Si tuviéramos un poco más de conciencia y empatía que verdaderamente sintiera mal dolor ajeno en carne propia tendríamos que actuar sobre esto como sistemas políticos económicos.

Por qué desconocemos la tendencia a la familia he conocido países que hace 20 años tenían un río abundante, con rica agua potable, peces de todas las especies, ricas cascadas y espumosas. Agua fría como si vinieran del freezer. Ahora el río se convirtió en agua caliente como si viniera de un volcán. Seguido de inundaciones repentinas y huracanes frecuentemente amenazantes. Desconocemos que los árboles son parte de nuestra familia.

Un hombre nunca debe descuidar a su familia por los negocios. Walt Disney

Porque hemos olvidado el valor de las familias, hay tanta pobreza. Porque ser familia significa empoderar al otro de lo bueno que es y luchar por sus sueños. a informarse de la mejor manera. Ya que la pobreza es la ausencia de información. La ausencia de dinero no es pobreza. La pobreza es poco conocimiento sobre el dinero. O sobre otra área a la que debemos de eliminar la ignorancia. El dinero se convierte en problema cuando es manejado por una mente que se niega a prepararse. Otro amigo. Conocío un joven que tuvo una accidente en el trabajo y la aseguranza le pagó $200,000 Cash. El tipo no tomaba pero después de permanecer en casa desocupado comenzó a aburrirse y a escaparse a lugares inoportunos.

En pocos días desde el control que tomó tanto hasta quedarse dormido manejando. Hasta que chocó con un árbol, explotó el carro y murió calcinado. Tenía dinero pero no era rico nunca dejó de ser pobre.

Ser pobre

De ser pobre es tener poca información, la pobreza es una manera de pensar y se materializa o se hace presente cuando pronunciamos los pensamientos por medio de las palabras. Si piensa y siente que eres rico y lo pronuncias todos los días en eso te convertirás.

La mente y el corazón son las mejores herramientas para crear riqueza porque primero se crea en lo invisible antes de ser creado en lo visible.

Y todo nace con una idea. El verdadero dinero son ideas puestas en acción. Es información es experiencia, es dominio propio, es conocimiento de tu ser. Es ser la persona correcta que siempre había deseado ser. Ser rico es descubrir quién eres. Un ser auténtico. Capas de aceptar sus propias debilidades sin vacilar.

Capítulo 41

Solo el amor puede transformar tu mundo

Aquel que procura asegurar el bienestar ajeno, ya tiene asegurado el propio.
Confucio

El que ama, se hace humilde. Aquellos que aman, por decirlo de alguna manera, renuncian a una parte de su narcisismo.
Sigmund Freud

Elisa

Para terminar quiero remontarme a los primeros escritos que nacieron de nuestra amistad escrito por Elisa una tremenda poeta. E invitarte a ti que revivas los primeros momentos con tu pareja que tienes en estos momentos
"Baby: te escribo esta hoja para decirte, qué me gusta mucho compartir contigo mi vida, creo que tu compañía alegra mi corazón. Eres la persona más linda que ha llegado a mi vida, desde que me di cuenta que existías cautivaste mi corazón. y el tiempo y los recuerdos se encargará de que me enamorara más de

ti. Y ahora que estás junto a mí admiro tu forma de ser y de actuar. Y me digo a mí misma que no eres más que un sueño, tú eres mi sueño hecho realidad. Quiero que sepas que cuando estoy contigo me siento tan feliz y dichosa de tenerte. Gracias mi amor por compartir conmigo un poco de tu tiempo y de tu cariño conmigo. Y ahora qué has entrado en mi vida sé que siempre estarás en mi mente, porque tú eres quien me ha cautivado, motivado y le has dado una nueva ilusión a mi vida te amo.

Enamorados

Amor: sabes tengo miedo amarte, enamorarme más de ti, porque tengo miedo de perderte, pero me arriesgaré porque de otra forma no podré saber si tú eres mi otra mitad, y sólo espero que nadie salga lastimado en todo esto, porque sé que nadie merece sufrir y mucho menos tú. Amor que eres tan especial para mí lo menos que quiero hacerte sufrir. Amor te quiero y te amo y no quisiera que pasara otra cosa más de lo que siento por ti. Creo que con lo que siento es suficiente para darme cuenta que sin ti no podría vivir. "

El amor lo es todo

Mi papá fue huérfano nunca conoció a sus progenitores como lo comenté antes. Y cuando no podía vivir con sus hermanos, tenía que permanecer en las calles, sus padres murieron por no tener dinero para pagar un hospital y curar sus enfermedades. Aunque haya sido una simple neumonía con tos. Cuándo mi padre se casó con mi mamá tuvieron muchos hijos pero llegó un momento que ya no pudo mantenerlo, y tuvo que emigrar a Estados Unidos. Ahí me di cuenta que algunas personas les daña tener grandes cantidades de dinero, otras son más dañadas cuando no lo tienen. Y ambas partes afectan a la familia y al mundo. Por eso nació la idea de la transformación, y poder manejar mejor la emociones y el superpoder que todos tenemos. acompañarlo con pasión y darle vuelo a la mente con sueños. Y todo inicia por medio del amor. Así como extrañé a mi papá en mi infancia es lo mismo que le sucede a mis hijos en este momento. Yo tenía que elegir entender a mi papá o unos cuantos dólares. 18 años mi mamá enfrentando sóla en la pobreza, haciéndole frente a todas las necesidades de nueve personas. Ahora que escribo estas líneas es 31 de diciembre cálculo que son las 11:30 de la noche y no quiero irme acostar para esperar el Año Nuevo, por mi mente pasan momentos a lado de mi familia en especial lo que me contó mi esposa hace una hora vinieron al parqueo de aquí estar cinco minutos, con migo. Ashlee sólo inclina su cabeza y limpia sus lágrimas al sentir la soledad. Mientras yo me dado por una rendija de tres pulgadas en la puerta un rol de lo que decía éxito. Sabía que por ahí era el camino a casa. Entre lágrimas decidí hacer un viaje espiritual. Salí de ese encierro, llegué a mi casa tomé de la mano de mi esposa y la de mis dos hijos y nos dimos el abrazo en equipo que siempre no solíamos dar. El amor.

Inspirada en la vida de algunos hechos reales de una familia joven

He aprendido algunas cosas en la vida como entender que nadie cambia porque lo castiguen, nadie cambia porque lo corrijan. La gente cambia cuando recibe amor, comprensión. Si conoces a alguien que cree que es malo, sólo fue que en su vida no hubo alguien que lo impactará con acto de amor. La gente cambia porque después de sentirse amado decide por su propia cuenta cambiar. Tiene la voluntad en abundancia que genera el amor. La mujer es la fuente de todo. Cuando impacta a alguien por medio del amor facilita a ellos a comenzar la transformación. Sigue nuestra página en Facebook transformación del ser por medio del amor y comparte las historias que han impactado tu vida. Impacta una persona más. Si estás a punto de ponerle fin a tu relación con tu esposa date una nueva oportunidad. intenta sorprenderla con algo que tú jamás harías si no fuera por amor. No abandones a los hijos, ellos estarán completamente agradecidos, por tus buenas decisiones y nada que tú hagas quedará sin ser recompensado. Lo mejor es que el transformarse uno irá transformando la vida de otros, pronto nos conoceremos. Gracias por tu tiempo y leer este libro te deseo muchas bendiciones y muchos éxitos y que te unas a nuestra misión de cuidar en una familia a un hijo más sin padre. Somos Una familia somos unión. No hay diferencias de nada. Capitalistas y socialistas esta no es una lucha entre nosotros. Es una lucha para el bien de las futuras generaciones.

En resumen

Esta cuarta parte de la transformación del ser se resume en: Superarlo. Darle vuelta a la siguiente página, que lo que te paso en la vida solo quede como un recuerdo, una historia de las que tuvisteis avance. Que te volviste experto en vencer dificultades. Darte cuenta que eres invencible y más fuerte que cualquier limitación Física, económica, y emocional. Y que ningún recuerdo siga repercutiendo en las decisiones del presente, porque eres un ser transformado. Y porque tuvisteis una verdadera transformación ser ser.

Casi nada tiene sentido sin la familia

La pareja es la esencia del amor en la familia

Índice

Made in the USA
Columbia, SC
07 June 2022

61434710R00159